【世界著名军事院校系列】

U.S. MILITARY ACADEMY

美国西点军校

开启将帅之门的钥匙

《世界著名军事院校系列》编写组

·北京·

图书在版编目（CIP）数据

美国西点军校：开启将帅之门的钥匙 /《世界著名军事院校系列》编写组编著.
北京：中国经济出版社，2014 . 6（2023.8 重印）
（世界著名军事院校系列）

ISBN 978-7-5136-3149-5

Ⅰ. ①美… Ⅱ. ①赵… Ⅲ. ①西点军校—介绍 Ⅳ. ① E712.3

中国版本图书馆 CIP 数据核字（2014）第 108381 号

责任编辑 丁 楠
责任审读 贺 静
责任印制 马小宾
封面设计 任燕飞工作室

出版发行 中国经济出版社
印 刷 者 三河市同力彩印有限公司
经 销 者 各地新华书店
开 本 880mm × 1230mm 1/32
印 张 7
字 数 128 千字
版 次 2014 年 6 月第 1 版
印 次 2023 年 8 月第 3 次
书 号 ISBN 978-7-5136-3149-5
定 价 48.00 元
广告经营许可证 京西工商广字第 8179 号

中国经济出版社 **网址** www. economyph. com **社址** 北京市东城区安定门外大街 58 号 **邮编** 100011
本版图书如存在印装质量问题，请与本社销售中心联系调换（联系电话：010-57512564）

编委会

主　编：赵　丽

副主编：李志强　汤静文

编　者：丁　勇　陈　都

周志军　夏亦寒

李　德

出版说明

自工业革命以来，为适应战争和技术发展的需要，不同类型的军事院校相继建立起来。随着时代的变迁，有的军校已经湮灭于历史长河中；有的则经历了血与火的洗礼，培养出大批杰出的人才，留下一个个动人的故事；有的甚至可以浓缩成国家的历史，最终成为军事名校。

当前，世界新军事变革正如火如荼地进行，针对现代科学技术发展对信息化战争的影响，世界发达国家都纷纷提倡质量建军，将军队院校教育与训练工作列为重点，培养新型军事人才。这些军事名校适应形势的发展，纷纷调整教学内容和手段，以期在新军事变革大潮中留下自己鲜明的足迹。

新时期新阶段，习近平主席对军队明确提出了“能打仗，打胜仗”的要求。为了贯彻这一指示，需要我们去了解、学习外国军事名校的情况，借他山之石、攻己山之玉，从而更好地发展我军军事教育。

为此，我们组织出版了《世界著名军事院校》系列丛书。丛书内容列举了当今几所具有世界影响力的军事院校，从建校历史、招生对象、培训方式、教学内容、特色训练、杰出人物等方面进行全面的阐述。通过阅读本套丛书，期待让更多的青年朋友和军官们了解外军的情况，对我军院校训练与教育有一个对比性的把握，从而增强爱国爱军、当兵习武的责任感。

前　言

2009年，美国《福布斯》杂志第二次发布全美最佳大学排行榜，西点军校击败所有大学荣登榜首。

西点军校是一个传奇，它的成长、成功史几乎伴随着美国的整个成长史。翻开西点军校的历史，人们会发现，诞生200余年来，西点人推动了美国历史的发展:美国西部大开发；巴拿马运河的开凿；人类第一颗原子弹试验成功；美国自由女神像的设计与施工；美国陆军航空兵和空军的创立；太空飞行等，到处可见西点人的身影。在美国政坛上来自西点军校的政治明星也不断涌现，以至于有人妒忌地说："西点军校已经包围了五角大楼，包围了国务院，甚至包围了白宫！"

提到西点，人们会想到那举世闻名的"绵长的灰线"；会惊讶于苛刻的"全球最高门槛"；会为其"野兽营"和常态化的体育比赛而叹服；会为其独特的校园文化而着迷，也会为其严格的惩罚和淘汰制度而深思。这一切都在告诉我们：西点军校有着与古代斯巴达一样的尚武精神。

3700多名将军从西点走出，踏上为美国利益征战的道路——美国南北战争、美西战争、第一次世界大战、第二次世界大战、朝鲜战争、越南战争、海湾战争、科索沃战争、伊拉克战争等，凡是有美国参与的战争就一定有西点人的身影。

“钢铁只有在温度高的火焰中才能炼成”。西点军校造就了具有钢铁意志的西点人，他们不只在战争中声名鹊起，而且在经济、政治、工程、建筑、航空等领域也是独领风骚。西点军校曾说：“西点学员不仅练习怎么拿枪，也要练习怎么弹钢琴。”

西点军校也是培养商界领袖的摇篮，培养了大批叱咤风云的商业人物，包括杜邦、通用、可口可乐等享誉世界的跨国公司的总裁。一位著名学者说：“如果要问全球最成功的商学院在哪儿？不是大名鼎鼎的沃顿、哈佛或斯坦福，而是美国西点军校。”第二次世界大战后，世界500强企业中，共有1000多名董事长、2000多名副董事长、5000多名总经理来自西点军校。

同样，在航空航天、工业、通信、土木工程等领域，西点人也都作出了杰出的贡献。

正如美国前总统罗斯福所说：“在整整一个世纪中，我们国家其他任何学校都没有像西点这样，在我们民族最伟大公民的光荣史册上写下了如此众多的名字。”

西点军校的校训是“责任、荣誉、国家”。西点军校培养出的不仅是军人，也是美国社会的精英。西点军校历经坎坷、充满活力、经久不衰，以独具特色的办学模式走在教育体系的前沿，其出类拔萃的教育质量、辉煌的教育成果，被全球军界公认为最成功的军校之一。

很多人说："只要在西点成功了，那么到哪里都能成功。"这是对西点军校最准确的评价。

目　录

19 世纪初，世界风云变幻，主要资本主义国家都处于大变革的历史时期。发生于 1775~1783 年的美国独立战争，在人类历史上留下了浓重的笔墨，也由此诞生了一个新兴帝国——美国。1802 年，美国第一所军事学校——西点军校诞生。经过两个世纪的演变和发展，西点军校占地面积已从当年的 1800 英亩扩展到目前的 16000 英亩，在校学员从创办时的 10 人发展到今天的 4000 多名在校学生和 550 多名教官，每年从军校毕业的学员超过 900 人。

一、独立战争的产物

八年的独立战争后，新生的美国百废待兴，从经济发展到政治体制建设，从社会文化繁荣到军事力量壮大等，这个新兴的民主国家面临着严峻的考验。为给新生的民主体制提供有力的保障，美国开国元勋乔治·华盛顿强调："创办一所军校是美国发展的头等大事。"

1. 争议中诞生

“建立一所军校，用以提高军事官员的素质。”这个想法从开始就遭到很多人的质疑，他们认为这将是对美国人民自由权利的威胁。因为从历史上看，有专业的军事力量存在，就会有人去利用它为己谋私利，甚至成为独裁专制的工具，给自由的人民带来苦难。

如何解决国家安全这个紧迫的问题，同时又不对以后的美国社会民主、自由构成威胁呢？开国元勋们认为，军校学员必须来源于整个社会，而不是某一个小群体，培养出来的军官也必须在战时能招之即来，能够训练和领导民兵，同时又不会利用其独有的知识来谋一己私利。

争议之声中，美国第三任总统托马斯·杰斐逊于1802年3月16日正式签署了第七届国会第一次会议通过的关于建立一所陆军军官学校的议案。

1802年7月4日，在美国独立纪念日这一天，美国第一所职业军官学校——美国陆军军官学校冲破重重阻力后，在纽约州的西点正式宣布成立了。

2. 选址在军事要塞

作为美国第一所军事院校，开创者们精心选定了校址，即在纽约北部哈得孙河西岸的橙县西点镇。之所以选择西点，是因为哈得孙河在流经西点时呈S形，且弯度很大，大型船舶经过此处必须减速，若是来犯敌船则会因减速而受攻击，且河西岸的高地具有居高临下的地理优势，此地可称得上“一夫当关，万夫莫开”。

独立战争时期，西点是战略要塞，当时的大陆军司令乔治·华盛顿称赞它是“打开美国的一把钥匙”。1778年，华盛顿邀请波兰人、在美国独立战争中扭转战局的萨拉托加战役英雄萨丢斯·科什乌兹科上校来协助设计西点军事要塞。经过一番细致的勘察，科什乌兹科在此建立了大小14个据点，控制河道和防御水陆两栖进攻。这些据点彼此呼应，相互支援，形成一个合理有效的防御体系。敌军若乘船来犯，则无异于自投罗网。

西点要塞自1778年1月20日以来，是美国一直在使用的军事设施。奠基者们之所以在这里建立军校，既考虑到大量坚固的工事可以充当学生的教学实物，又希望此处的战争遗迹能让学生更好地体会到建国先辈的艰苦经历。

特殊的地理环境铸就了学校的非凡气质。而今，“西点军校”“西点”已成为美国陆军军官学校的代名词。

3. 第一个开学典礼

1801年，杰弗逊就任美国总统，随后陆军中校图萨德赴西点就任驻军首长，乔纳森·威廉姆斯出任西点军校的首任校长。

尽管威廉姆斯从未穿过军装，但在西点军校成立时，还是被刚刚宣誓就职的杰斐逊总统任命为第一任校长。威廉姆

■华盛顿率军与英军激战，最终获得独立战争的胜利。

斯20岁时即步入政界，后又到法国进行军事科学的学习和研究，1783年返回美国，开始学习数学、植物学、医学和法律。作为一名科学家，他对西点军校的教职员工队伍有着严格规范的要求，对学术研究有着严谨深入的思考，使西点一开始就建立在正确的学术基础之上。

1802年9月21日，一位名叫乔治·巴龙的老师为10名学员讲授了学校成立以来的第一堂课，黑板是一块直立的石板。没有鲜花，没有掌声，也没有仪式，西点军校的第一次开学典礼就在这样简陋、直白、自然的环境下完成了。

4. 灰色的“童年”

尽管西点军校冲破重重阻力终于诞生了，但是还有更大的困难在前面等着她。西点的“童年”多灾多难，甚至一度面临倒闭的危险。当时西点都是工兵部队，而且只有1名少校、4名上尉和10名学员。硬件设施不全甚至老化，军校管理无章，教官少、学生人数少，连教材都很少，所以开设的课程很少。教学中既没有完整的教学计划，也没有健全的管理制度和明确的入学、毕业标准，呈现出一片混乱。正如威廉姆斯校长所说：“西点军校像个弃儿，勉强生存于荒山之中，寄养在人烟稀少的远方，几乎不为其生身父母所知。”而校长本人也没有将全部精力投向襁褓中的西点，他主要的精力正放在纽约港的防御工事上。

第二任校长是约瑟夫·斯威夫特，他是西点军校的首届

毕业生，于1812年接替威廉姆斯。但他在战争前线难以脱身，于是西点的管理任务就落在了奥尔登·帕特里奇身上，而他也成了西点历史上最有争议的校长。奥尔登·帕特里奇工作勤奋，在西点的工作卓有成效。他制定了作息时间表，开设了新的课程，设计了新学员制服并增修了校舍，训练出来的学员军姿良好、引人注目。他竭尽全力使西点在非常困难的情况下生存下来。然而，他严重的任人唯亲和滥用职权的问题，造成西点军校内结党营私、帮派主义和自由主义风气严重蔓延，成为西点历史上的一段黑暗时期。

可以说，童年时代的西点军校多灾多难，甚至差点夭折。

5. 塞耶时代

虽然一路坎坷，西点军校还是坚持了下来。多灾多难后，终于迎来了塞耶时代，从这个时代起，西点军校开始成长起来，也迎来了自己的转折点。

塞耶作为西点军校的首期学生，其受到专业军事教育的时间并不多，但他良好的大学教育经历使他的学识远远超过其他同学。1807年塞耶毕业，于次年成为工程兵少尉，1809年塞耶赴西点任教，并于1812~1815年参加了第二次英美战争，在战争中他目睹了由于缺乏充分的战争、战役准备、计划和协调，以及无知的鲁莽、松懈的纪律和将领之间的不和所造成的惨重伤亡与战斗失败。这一切使塞耶深刻地认识到正规严格的军事训练和教育的必要性，纪律、坚定、忠于职

塞耶像

守必须作为训练军人打仗的最基本目标。

与英军交战失败后，塞耶认识到美国军事训练的缺陷，且必须找到根源。而这只有亲临欧洲战争，通过实地考察法国的军事教育，才能改变美国漫无目的的军事教育方针。正好，美国当局也有意派人到欧洲考察，塞耶大喜过望，立即着手进行各项准备。

到达法国时，正值拿破仑在滑铁卢战败，法国一片混乱，法国军事院校停办，校舍被征服法国的神圣同盟军队作为营房占用。尽管如此，塞耶并没有放弃，他努力结交了欧洲许多重要人物，先后走访了著名的梅兹军校和一些军事要塞及军事工程。在经费极度拮据的情况下，塞耶依然为西点购买了急需的图书、资料和器材。

1817 年，塞耶 32 岁，风华正茂，接替了奥尔登·帕特里奇担任西点军校校长，这也是西点历史上最关键的转折点。塞耶上任后对军校进行全面的整顿和改革，制定完善各种规章制度，并对所有人无差别地实施下去。为了培育民主互助的精神，塞耶规定学员不得接受外界任何经济援助，不管家

早期西点军校的队列式

境如何，每个学员只能靠自己微薄的津贴生活，而且学员还不准直接接触现金，上学生活的开支采取开支票的方法，每个人的花销都记在账单上。

作为新校长，塞耶认为：培养学员的基本方法是斯巴达式的组织纪律，严格而明确。责任可以用制度来规定，制度可以用纪律来加强，但是最难的是在纪律约束的外表下向学员反复灌输一种思想，这种思想是一种无法估计的力量，没有它，精神就不可能得到充分的发展，而这种理论上的理想必须在教育训练中把它变为现实。因此，他制订了以土木工程技术为主的四年制教育计划；建立了完整的教学体制，首创了将学员分为十几个人一班的小班教学法；同时还制定了严格的考试和考核制度，尤其是将教学班进行分级，开创了竞争机制。分等级组织教学提升了教学的灵活性，促使聪明者奋发向上，避免让落后者拖后腿，同时也激励落后者知耻而后勇。今天，这个制度已经在西点实施了200多年。著名的教育家斯蒂芬·利科克曾提议，要把塞耶这种目标教学管理推广到普通大学。

培养“拱顶石”人才。塞耶设想建立一种新型的学员团，在这个团里，每个人都互相竞争、公平竞争。于是，塞耶强调

培养学员“我为人人，人人为我”的思想。他指出，没有这种思想就没有资格指挥他人。而怎样培养这种思想呢？塞耶提出了“拱顶石”的理论。所谓“拱顶石”，就是连接、维持、亲合结构的关键之石。用塞耶的话说，拱顶石必须是坚硬的石块，而这些石块还必须紧紧地结合在一起。一旦培养出这样的“拱顶石”，学员团就会不断发展，军校就会不断前进。

塞耶的整顿校纪和教学改革非常成功，在西点军校的发展史上影响极其深远，其中留下了一些脍炙人口的故事。

将军的儿子被开除

塞耶在整顿校纪的过程中认识到，要办好西点，除教学外，斯巴达式的组织纪律是不可或缺的，所以必须建立严格的过失惩罚制度。

塞耶不管学员家庭背景如何，对他们一视同仁，然而要做到这一点相当不容易。因为在那个时代，有相当一部分学员来自地位显赫的名门望族。美国一位要人——托马斯·平尼克将军的儿子没按时返校，将军为此解释说是由于天气不好而把儿子留下的，而且他得到了塞耶的上级斯威夫特的同意。然而，塞耶坚决顶住重重压力按校规处理此事，小平尼克被开除了，震动了全校，从此西点永远结束了那种假期漫长、返校无定期的状况。

严格管理从指挥官做起

一次，一个学员到哈得孙河东岸去赴宴，不巧与塞耶校长打了个照面。该学员大吃一惊，他根本没有想到校长也来赴宴。宴会上，塞耶彬彬有礼，并按照当时的习惯做法与这个违规外出的学员相互祝酒。面对以严厉闻名的校长，小伙子整个宴会期间都忐忑不安。度过这个体面的夜晚后，这位学员平安顺利地回到学校。此后，他在西点两年的岁月中一直在等待过失通知书，但奇怪的是似乎塞耶校长忘记了此事。直到他毕业很久后才知道，塞耶校长为他赴宴一事严厉地责备了他的指挥官。因为按照规定，学员外出参加社会活动必须经过严格的审批。

塞耶独特的工作作风和对军校的全面整顿，对西点军校的未来产生了决定性的影响。由于他的努力，西点不仅成为美国最负盛名的军校，而且成为当时美国最好的工程技术学校，不仅培养出一大批优秀的职业军官，还为正在崛起的美国培养出无数的国家建设人才。正由于塞耶对西点作出的杰出贡献，以及他的治校思想对军校的发展所产生的巨大影响，他当之无愧地成为西点历史上的三巨头之首，被人们尊称为“西点军校之父”。

1833 年，塞耶辞职离开西点。

1869 年，西点军校毕业生校友会正式成立，塞耶当选为第一届主席。

1872 年，塞耶逝世，享年 87 岁。5 年后的 1877 年 12 月 8 日，他的遗体安葬在西点，这一天，塞耶像一名普通士兵一样回到自己的母校，学员鸣枪致哀，按军队的习惯举行了葬礼。

二、南北战争的战火考验

塞耶辞职后西点陷入一场危机：以杰克逊总统为首的一批人想彻底摧毁西点，以达到所谓“民主化”的目的。然而，到 18 世纪 60 年代，西点已发展为全美最优秀的教育机构，师资力量雄厚，学员团结奋进。而且，美国人普遍认为废止西点军校会大大削弱美国社会的中坚力量，西点最终被保留下来。1861 年爆发的美国南北战争在成长中的西点中掀起了惊涛骇浪，有人说，美国这场内战是西点人演绎的战争，是西点人生死博弈的战争。

美国内战时西点军校学员制服

1. 内战的割裂

1840 年至 1866 年的 26 年，被称为西点军校的“黄金时代”，西点被公认为美

美国内战时西点军校学员制服

国最优秀的教育训练机构。1861年4月，美国南北战争爆发，整个战争期间西点人几乎垄断了南北双方军队的指挥权，扮演着战争的主角。无论是北方联邦军还是南方邦联军，他们的很多将领如北方军总指挥官尤利西斯·格兰特、南方军总指挥官罗伯特·李等都出自这所军校。同一所军校培养的军官在战场上成为交锋的对手。

由于对南北双方的认同不同，很多西点人公开表明自己的立场，有些人支持联邦政府，其他人则支持南部邦联政府，甚至很多即将毕业的西点学员和低年级的学员也公开表明自己的立场。在这种情况下，尽管当时作为一名西点毕业生的吸引力是非常强烈的，还是有很多西点在读学员放弃了在西点继续学习的机会，加入所支持的阵营。

2. 信念的坚持

越来越多的学员离开军校，退学之风使西点人心惶惶，学员数量本来就很少的西点越发显得冷清，很多想退学而无法下定决心的学员感到非常痛苦，因为他们处在夹缝之中：既不想放弃已经快到手的西点学位，同时也不愿意看到内战即将爆发而自己无动于衷。

更多人还是选择留了下来，因为他们在内心始终坚信西点给他们的传统是团结共存的精神。走入西点，我们就都是平等的，这种认同感，一旦形成了类似战友之间的那种情谊，无论碰到什么情况都使学员们不会轻易忘记，道德观念和社会境遇时刻提醒他们珍惜这种情谊。

格兰特与罗伯特·李德握手

战争开始后西点人在各自的阵地展开相互的厮杀，内战的60次重大战役中，55次由西点人指挥。尽管如此，西点最终还是没有被这场战争分裂，而是顽强地存活了下来。

3.“绅士”之战

在血与火的战场上，西点人展开了生死较量，同时又闪烁着同窗之情的人性光芒。后人戏称这是西点人的“绅士战争”。

一定要注意隐蔽

在一次战役中，北军将领卡斯特发现他的同班同学——南方将领罗塞出现在阵地前。第二天便派人告诉罗塞，一定要注意隐蔽，以免遭到狙击。

拉姆索尔，是你吗?

1864年10月，南部将领拉姆索尔在战斗中胸部连中两枪，子弹穿过肺部，鲜血染红了军装。当晚，拉姆索尔被安置在

一辆马车上逃亡，结果被一名北军骑兵拦住，询问所载何人。黑暗中，拉姆索尔用沙哑的声音对车夫说："别告诉他！"他的同班同学卡斯特刚好路过这里，听到了这个非常熟悉的声音，忙问："拉姆索尔，是你吗？"此时拉姆索尔已经奄奄一息，无法应答。

卡斯特立即将他送到西点毕业生——北部将领谢里登的总部。随后，拉姆索尔的校友纷纷赶到，其中包括北军中著名的骑兵将领梅里特和彭宁顿。南北双方军医联合组成治疗小组进行抢救，但因伤势过重，拉姆索尔在校友的呼唤中死去。后来，拉姆索尔的妻子收到了卡斯特剪下的拉姆索尔一绺儿头发。

不准开炮

1865 年 4 月，北军将领格兰特发起了最后攻击，李将军溃不成军，撤退中有 1000 余人聚集在詹姆斯河的一座桥上，格兰特下令：不准开炮，以免造成更大的伤亡。

在这种情况下，李将军被迫投降。在签署投降书的时候，格兰特规定，在收缴的物品中，不包括军官的随身武器和坐骑，也不没收炮兵和骑兵的马匹。

4 年的内战，为西点人提供了施展才华的广阔舞台，造就了美国历史上许多著名的将军，同时，也使许多西点人血洒战场，仅南军中就有 72 人阵亡。西点军校既赢得了这场战争，也输掉了这场战争。这既是荣耀，也是不幸。

但有一点被证明，战火的硝烟没有把坚硬的西点分裂，她顽强地存活了下来。

1883 年，“西点之父”塞耶纪念碑落成。此时，西点军校兴起了体育热，以前除了击剑、骑马和剧烈的日常操练外，西点谈不上有什么体育活动。现在，体操队、健美队、橄榄球队、垒球队相继建立起来。1893 年，西点军校建成了第一个体育馆，此后，体育运动尤其是橄榄球运动越来越受到重视，甚至被视为西点军校形象和荣誉的重要组成部分。

三、第一次世界大战前后的冲击与重生

南北战争为美国扫清了前进的障碍，也让西点军校获得了巨大的声誉，毕业生在战场上的突出表现使得人们更加对它刮目相看。但是，此时第二次工业革命正如火如荼地进行，必然给整个教育界带来巨大的挑战。

1. 百年西点

1902 年，西点军校已成为百年老校。百年磨砺，百年成长，百年巨变。西点军校在取得辉煌成绩的背后，散发出古老、守旧、沉闷的气息。西点教职员工变动较少，他们的平均年龄迅速增长，而学术创造力却大幅度下降。西点军校呈现出来的“老人主宰”的状况日益严重，“近亲繁殖”达到了前所未有的程度，大部分教授、讲师、助教及学校行政人员都来自本校毕业生，这种做法给西点带来了严重的隐患和弊端。由于这种故

步自封的态度，西点没有跟上军队、教育事业和整个美国社会不断变化的形势，渐渐与世隔绝了。结果，西点军校永远失去了在美国工程学教育方面的领先地位。西点军校教育的雅典式一面正失去往日光辉之际，第一次世界大战又使它斯巴达式教育的一面濒临崩溃。

2. 麦克阿瑟的改革

第一次世界大战结束后，麦克阿瑟回国被任命为西点军校校长。

此时的西点军校几乎完全忽视教育界和军事领域出现的新生事物。此外，西点教职员工的老龄化，使西点缺乏开拓精神和创造力。麦克阿瑟一到任，就深入教职员工中进行调研，并进行改革的论证。许多教授并不欣赏他的改革设想，反对在教学内容和军事训练上进行任何革新，但这并没有影响麦克阿瑟重振西点的决心。1920 年他提出了西点军校新的办学宗旨：

“西点培养的人才必须具备我们传统的基本军事素质，同时还必须对人类情感的形成有深刻的理解，必须通晓世界和本国事务，并对指挥心理变化的每一个方面有更全面的认识。这一标准必须成为以旧西点的精神建设一个新西点的基础。”

为了实现其办学宗旨，麦克阿瑟大胆地实施了巨大的改革：废除不合理的规章，提倡民主精神；精选课程，使教学内

■第一次世界大战中，美国远征军取道英国赴法国前线，第一次踏上欧洲领土，从而开始踏上世界领袖的征程。图为美军走过伦敦西敏斯特桥。

西点学员在进行课堂内训练

容现代化；增加体育课程，树立竞争精神；减少体罚，加强传统教育。麦克阿瑟在西点任职虽仅3年，但他的改革却使西点获得了新生，后人对他的一系列改革给予了很高的评价，认为是他把传统的西点军校带进了现代化的20世纪。他对西点的贡献，不仅继承了“塞耶体系”的基本原则，而且大大开阔了美国军事教育的视野，使美国军事教育开始面向世界。

西点学员在进行户外勘察训练

1962年，82岁高龄的麦克阿瑟因对西点贡献突出，荣获西点“赛耶奖”。麦克阿瑟离开后，1890届毕业生佛雷德·斯莱顿准将被任命为校长。

3. 黄金一代

第一次世界大战前后，尽管西点军校遭受了巨大的磨难，但它的毕业生却在战场上大显身手，赢得了赞誉。1915年、

1917年、1918年、1922年西点军校只有两班毕业生。尽管招生人数有限，但在第一次世界大战中，美国参战的军、师级指挥官共38名，其中有34名是西点人，包括美国远征军总司令约翰·J.潘兴将军，以及道格拉斯·A.麦克阿瑟将军和乔治·S.巴顿将军等人。其中，特别要提到的是1915届毕业生:共有164人毕业，59人获得准将或更高的军衔，3位将军，并且有两人成为五星上将和陆军参谋长，此外还有一位美国总统，堪称黄金一代。其成员包括：1945年后空军司令部及朝鲜战争中远东空军的指挥官斯特拉特迈耶、参加第二次世界大战的第九军团指挥官查尔斯·W.赖德、参加第二次世界大战的第十二军团指挥官福德·欧文、1945年后美军德国占领区长官麦克纳尼、空军学院首位校长休伯特哈曼、朝鲜战争陆军参谋长布莱德雷和艾森豪威尔。

1917年美国的宣战给西点带来巨大的影响，学员为了提前毕业不得不接受填鸭式的教育，部分已经毕业的学员又返回西点继续学习，军官都要到部队任职，留下的人不得不承担双倍的工作量，最后甚至校长比德尔上将也被调往部队任职，这一切极大地冲击了正常的教学秩序。在这种时刻，已经退休的蒂克曼上校被召回出任校长，肩负起挽救军校的重任并获得了成功。

第一次世界大战中有部分西点毕业生给人们留下了深刻的印象。以下列举几位著名的西点军人。

“铁锤”潘兴

美国参战后，西点1886届毕业生约翰·J.潘兴被任命为美国远征军总司令。

1882年潘兴进入西点军校，这成为他人生的转折点。由于他具有较强的组织能力，教官和同学们推荐他担任班长。但是，潘兴的学习成绩并不太好。然而，西点造就了他意志坚定、无情、强烈的责任感、恪尽职守等气质。他的理念是：如果某件事值得做，那么就应该做好；座右铭是：我们努力达到正在努力的目标。

毕业后，潘兴进入骑兵部队服役，连队里的兵大多数是黑人，由于潘兴性格随和，黑人士兵都比较喜欢他，有些人还戏称潘兴是“黑桃杰克”，潘兴因此成了黑人士兵的代称。一个偶然的机会，潘兴还回到了西点军校担任战术教官。

1917年，在英国、法国要求下，美国决定向欧洲派遣远征军，潘兴被任命为司令。潘兴是一个完美主义者，面对仓促组建起来的没有作战经验的美军，他坚持在没有进行严格的训练、掌握必要的军事知识之前，决不把他们派上欧洲战场去，也坚决不同意把美军配属给英、法军作战的企图。为此，他不惜说些刺耳的粗话来坚持自己的意见，始终保持美军的统一指挥，使其能够平等地与英、法军联合作战。1918年9月12日，首次以美军为主力的大规模进攻战——圣米耶尔战役打响，在协约国900门大炮轰击了4小时之后，大约50万美军和15万法军迅猛突击，使德国人措手不及遭受重创。之后，在此月下旬又发动了默兹——阿尔贡战役，拿下兴登堡防线，取得了辉煌的胜利。

爱说粗话的“铁锤”潘兴

最引人注目的军官——麦克阿瑟

麦克阿瑟在参战时是第42师（彩虹师）的实际指挥员，上校军衔，他着装总是与众不同：头戴一顶软帽，并拒绝戴钢盔或防毒面具，身穿发亮的高领毛线衫，绑着闪光的裹腿，手拎马鞭。在数个月的战斗中，由于勇敢，他七次获得银星勋章，战争结束时晋升为少将，同时提升为师长。潘兴将军认为麦克阿瑟是“我们所有的最伟大的将领”。甚至连以勇敢著称的巴顿将军都告诉他的妻子说麦克阿瑟是他“所见过的最勇敢的人”。

初试身手的巴顿

巴顿1909年毕业，具有不受约束的精神和难以抑制的好奇心，做事从不循规蹈矩。1912年，他自费到斯德哥尔摩参加现代五项全能比赛，获得第5名。1917年参加第一次世界

年轻时在西点就学的巴顿

大战时，最初作为潘兴将军的副官，但他喜欢冒险，这使他难以安静地待在司令部中。他参与了美国创建第一支装甲部队的所有事宜。当时没有坦克的美军以特别优厚的条件跟法国交换了20辆坦克，巴顿就成为美军第一个坦克手，他尽管没有经验，也没有受过任何训练。但他勤于钻研和不甘服输的精神，使他很快成为操作坦克的行家里手，并在战争中极其勇猛，最终获得了一枚优异服务十字勋章。

在第一次世界大战中，共有3445名西点毕业生走上战场，在战争结束时，在法国战场上的38个军、师指挥官中有34名是西点毕业生。在美国陆军的480位将军中，74%是西点培养的，90%的军长和将近80%的师长也来自西点。

四、第二次世界大战中走向世界

第二次世界大战，把西点军校的名望推至巅峰，西点在美国军队乃至整个美国社会的影响达到了前所未有的高度，许多杰出的将领至今仍是美国人津津乐道的人物。而今，在西点军校的校史馆里，最光彩的陈列品就是戴高乐送给艾森豪威尔的拿破仑用过的剑，还有希特勒用过的金手枪。

1. 一切为了战争

第二次世界大战，把西点军校的名望推至巅峰。战争爆发后，尽管美国发表《中立宣言》，企图置身事外，但西点军校此时也敏锐地观察到战争的一触即发，将该场战争作为最好的教学检验机会，锻炼学员的综合能力。1941 年 12 月 7 日，珍珠港事件导致美国对日本宣战，美国高速开动战争动员机器，发掘最大军事潜力，倾全国之力在短时间内实现了平转战的模式转换，并投入巨大的人力、物力、财力支持美军在欧亚大陆及海洋上的军事行动。在战争中，众多优秀的西点毕业生义无反顾地投身军旅，为争取世界反法西斯战争的最后胜利献出了全部精力乃至生命。

2. 叱咤风云的将领

第二次世界大战，风雨雷电，西点之子叱咤风云。北非的沙漠、西西里的群山、欧洲的大平原、太平洋的荒岛……处处都可见西点人在战场上独领风骚。

一大批特色鲜明的名将涌现出来，成为彪炳军史的军事将领。其中名气较大的将领有：艾森豪威尔、麦克阿瑟、巴顿、布莱德雷、阿诺德、史迪威等，这些西点军校骄子在战场上打得轴心国部队闻风丧胆，为世界反法西斯战争的胜利立下了赫赫战功。

尤其是 1916 届学员，被称为西点有史以来最伟大的一届，获得了“群星璀璨的一届”美誉。1946 年秋季，受英国首相

极具亲和力的艾森豪威尔（左起第五人）

丘吉尔表彰的最杰出的30名美国将领中，有21名是西点军校的毕业生。来自中国的优秀毕业生孙立人将军，曾任中印缅战区中方指挥官。

3. 中国战场上的西点人

非常了解德国却不得不在亚洲与日本作战的魏德迈

1919届毕业生艾伯特·魏德迈，在西点当学员时，成绩平平，却有幸在毕业后得到一笔奖学金去德国柏林军事学院学习，由第二次世界大战中的德国约德尔将军担任战术教官，从而了解了德国不少高级将领的战术思想，并对德军闪击战理论有了了解。然而，当欧洲战场打响后，尽管他强烈要求去欧洲指挥作战，但他本人却被认为是一个亲德分子，因而只有不情愿地去亚洲与日本作战，并于1941年10月顶替史迪威出任中国战区参谋长。一见蒋介石面，他就谦虚地说："我作为您的参谋长，任务就是执行您的命令，我将根据您的指示行事。"同时，他还亮明了自己的政治立场："共产主义对自由世界是最大的威胁，在反法西斯战争结束后，对付共产主义将是头等大事。美国与中国在反法西斯战线上结成了同盟，未来在反共产主义战线上也会结成同盟。"同时，他从不插手国民党军队的指挥问题，只管监督在华物资的分配，并在抗日战争胜利之际积极协助蒋介石将国民党军队运往华北、东北地区，因此，极得蒋介石及其手下将领们的好感。但是，到了1945年冬，当魏德迈的老上级马歇尔将军来华调停国共关系时，魏德迈却坚定地认为马歇尔决不会成功，为此，两人的亲密关系冷淡了。在国共内战时期，魏德迈充当了极不光彩的角色。

最年轻的西点士官生史迪威

1900年7月，约瑟夫·沃伦·史迪威考入西点军校，成为那一届最年轻的士官生。在军校里，史迪威受到了不少折磨，曾把西点称为"地狱"。但他在体育方面的表现相当不错，担任了西点越野长跑队的队长，还把篮球引进了西点，最后一学年又成为橄榄球队队员。他毕业后去了美国驻菲律宾的第12步兵团服役，1920年任美国驻华使馆武官。在华期间，他几乎走遍了半个中国，学会了一口流利的中国话。1929年，他到本宁堡步兵学校担任战术系主任。

珍珠港事件后，史迪威出任驻华美军总司令、盟军中国战区参谋长兼中印缅战区副司令。但史迪威是一个纯粹的军人，对于战争中的政治游戏一窍不通。他既不满意英国人的消极作战，更不满意国民党军队中的派系之争和保存实力的做法。对英军，他无可奈何，而对于中国进入印缅作战的部队却力图加以控制和直接指挥。为此，他和以杜聿明为代表的国民党高级将领闹翻。尽管蒋介石做了让步，免去了杜聿明的职务。但随着时间的推移，他和蒋介石的矛盾越来越大，最终不得不凄然地离开中国。

4. 泰勒的改革

第二次世界大战结束后，泰勒中将带着强化军校荣誉制度和开发学员潜在领导能力的指导思想到西点出任校长。

泰勒是西点 1918 届学员，而该年事实上泰勒并未到法定入学年龄，他是虚报年龄才如愿以偿地考取了西点军校，然而在临毕业前因违反不准谈恋爱的校规，差一点被开除。1937 年，他被任命为驻华副武官。几年后，他被调到欧洲担任著名的 101 空降师师长，享有“进攻先生”的美誉，在诺曼底登陆战役后，101 空降师作战勇猛，抓获了包括德国著名的凯塞林元帅在内的大批俘虏，被美国总统授予“功勋部队”称号，这是美军史上第一个受此殊荣的部队，泰勒也因此被授予“紫心勋章”并晋升为少将。

泰勒一到任，就下令对所有课程进行全面审查，将战争时期的 3 年课程改为 4 年，增设人文课程，减少理工课程，调整教学计划，减轻学员负担，充分发挥学员的主观能动性，开设军事领导心理学和领导者如何发挥领导才能等新课，教官由参加过第二次世界大战的指挥员担任，他们上课时佩戴所有荣获过的军功章，给学员留下了深刻的印象，很快，这些课程受到学员热烈的欢迎。

此外，泰勒还取消了击剑和马术课，并与海军军官学校联手开始水陆两栖训练。在外语方面，从以往注重阅读和语法改为更注重培养学员的听说能力，选修课则增加了新的语种。

但是，泰勒的改革在 1949 年他离任后显得有些乏力，招生计划无法完成，尤其是朝鲜战争爆发后更是如此。

五、历史最低点

第二次世界大战后，随着空军崛起和海军地位的提升，陆军地位日益降低。西点军校作为陆军初级军官学校，不可避免地受到世界军事发展与变革的冲击。

1．陷入战争泥潭

1954 年斯普林斯空军军官学校的设立，对西点是一个沉重的打击。第二次世界大战以来，人们普遍把空军视为最富有魅力、最富有挑战、最富有传奇色彩的军种，因此使许多原本心仪投考西点的优秀青年转投斯普林斯去了。在美国三所初级军官学校（另一所是安纳波利斯的海军军官学校）的

越南战争美国反战情绪高涨

竞争中，西点越来越处于不利的地位。

1950 年朝鲜战争爆发，为了适应这场战争，西点又一次充实了她的教学计划，增加了军事训练的内容。然而，朝鲜战争并没有给西点人带来荣耀，西点毕业生在这个战场上战绩平平，其天王级偶像麦克阿瑟更是遭遇了军旅生涯中最大的失败。随后在越南战场的失败，让美陆军声誉扫地的同时，也对西点产生了极其不利的影响。

越南战争发生后，不少军内外的批评家一直不断地指责越来越多从西点毕业的军官变成了谨慎的官僚，或许他们更适合五角大楼的办公室政治，相对于为残酷的战争危机做准备，他们对自身的职业发展更有兴趣些。他们质疑西点军校是否是在培养一种国家需要的军官。越南战争期间，西点军校是如此不得人心，以致无法用合格的申请人填补其 1972 届的班级。

2．丑闻不断

越南战争以来，连续发生了几起事件，一度让西点跌入

历史的最低点。

路易丝·方特中尉是西点 1968 届的毕业生，随后就读哈佛大学政治学硕士专业。1970 年 3 月 16 日，他高调拒绝去越南战场服役，并强烈要求作为一名反对非正义战争的人士从军队体面地退伍。

他的行为被媒体批判为“军人逃避战场，军人背弃团队”，也有民众质问“西点的毕业生究竟该何去何从”。

就在方特中尉事件发生后的第二天，即 1970 年 3 月 17 日，西点校长塞缪尔·科斯特少将因涉嫌掩盖在越南犯下的屠杀平民的罪行而被迫辞职。

1976 年春，西点又发生了有史以来最严重的考试作弊案：在一次可将试卷带回家的考试中，152 名学员因为剽窃被解雇或重新签约，117 份考卷被提交到校荣誉委员会审查。使整个学院的学员到达了“荣誉的冰点”，调查发现，部分原因是荣誉守则已经被“轻视”，成了一种来执行琐碎规章的工具。

3. 西点名誉受损

在许多方面，西点军校产生了一种不务实的作风。1979 届毕业生泰德·沙利文说：“正规军和西点军校之间的差别就像是光年。”在军队中，西点毕业生有时被视为待人冷漠和爱搞小圈子，他们因明显地炫耀戴着的毕业戒指而被人们称作爱敲戒指的人。

西点军校历来所持有的价值观在战场上也发生了扭曲或

在越战中的美军

迷失。在军校学习时，教官教育他们要诚实正直，但在越南战争时高级军事指挥官（不少为他们的学长）所提供的令人怀疑的敌军被消灭的数字却与此相反，使军校诚实正直的荣誉受到了损害。

越南战争在西点军校成为一个尴尬的问题。在课堂上，教官对他们说，军事领导人不是永远不会犯错误的，可是越南战争失败后，多数指挥官将其归结为他人在背后给自己捅了一刀，不然越战会打胜的。

一些社会评论家甚至质疑西点军校是否应该存在。在一篇题为“是时候废除西点军校吗？”的社论中，一位 1954 届西点毕业生指出，一年要花费纳税人 226190 美元来培训和教育一个学生，并建议西点军营应该作为监狱设施移交给纽约。

事件连发不断，丑闻陆续上演，人员涉及西点毕业的中尉学员，西点在任的少将长官。学员被称背信弃义，官员行为欲盖弥彰。“职责、荣誉、国家”在西点还剩多少？美国人们迷惑了，西点形象受损了。

4．改革之后重生

1972 年，美国陆军部组成一个调查委员会，对西点的教学进行全面调查，并提出新的改革方案。该委员会由美国电话电报公司总裁弗雷德·R. 卡普尔领导，委员包括两名高级军官，两名商界领导人和一名军校官员，最后向陆军部提出了“扩大知识面，全面培养学员”的建议。

1977 年年底，美国五角大楼提出一份长达 181 页的西点改革报告，对西点的管理、学员队制度、课程设置、荣誉制度等问题提出 152 条改革建议，它是建立新西点的纲领性文献。这个报告被称为“在旧传统的基础上建立新西点的基础”。

新上任的校长安德鲁·J. 古德帕斯特中将为西点培养未来的职业军官指出了方向，他说：“我们必须进行最高标准的教育才能解决尚未解决的美国的安全问题。随着新技术的发明与应用，或国家力量的变化及结盟的改变，我们必将会面临巨大而复杂的挑战，这就要求我们所培养的军官必须具备为国家的理想与目标献身的精神，必须具有为国家的安全与利益无私服役的高尚品质，有对新知识探索追求的精神。我们所需要的军官不是昧着良心的盲从，而是人道主义品质与

军人的头脑和人格结合为一体。未来的职业军官必须能够担任各种不同的职务:从外交官到教师,从技术工作者到战略家,从环境学家到政治家。当然,最为重要的是履行诺言的勇敢的战士。”

但真正具有革命性意义的改革还是从20世纪80年代至90年代进行的以学员队制度改革为核心的一系列改革。根据新制度,领导和被领导的对象不再仅局限于一、四年级的学员,而是涉及所有四个年级的学员。三个高年级学员均被赋予领导职能,并根据年级的不同授予不同的军衔,即四年级学员为军官,三年级学员为中士,二年级学员为下士。这一制度又被称为“四个年级学员制”,其目的是逐步增强学员的责任感,使学员渐渐适应经验、权力和责任之间的关系,锻炼其个人的创造性、纪律观和责任感。

六、踏上信息时代的征途

随着信息时代的到来,西点军校也迎来了它崭新的一页。美国国防部宣布,为了打击敌对国家和应对黑客的网络攻击,美军网络司令部已正式运行。在虚拟空间中展开的数字化控制权的争夺,已经成为信息时代战争对抗双方攻防的新焦点。互联网大行其道虽然不过几十年,却通过全球的上亿台计算机联网,形成了在光纤和电缆里存在的另一个地球、另一个世界、另一个村落。计算机网络深入人类社会的各个领域,已经和正在改变着人类社会的方方面面，并引发了新一轮的军事变革。现在，美军的信息化水平已经达到了很高的程度。

西点军校顺应时代发展需要，学员宿舍里没有普通大学宿舍都配有的空调设备，却在每人床头配有一台计算机，从校长到司机，从三星将军到雇工，都进入了网络化潮流。

西点在 4 年学习中的每一年里，同样非常注重培养学员的信息技术技能。但是，和其他学校不一样的是，西点认为信息素养并不是其主要的工作，学生是数字时代的原住民，他们更懂得、更理解什么是最新技术，并且能很快适应变化。因此西点的教育基础应该非常扎实，是多学科的综合教育，需要数学、科学及工程基础，同时也注重文学，这种平衡教育使得学员在 4 年后能够掌握任何信息技术。

在信息时代，西点认为信任、健康和纪律仍然是军校的基石，是学员必须拥有的三项基本素质。但是，在 21 世纪对军官的成功起更核心作用的是批判性思维的训练，这是在西点 47 个月的所有学习、军事体能训练中最重要的一方面。批判性思维、创造性思维和用历史的观点来思维，对于复杂的 21 世纪作战环境是必须的。

另外，由于美军在世界各地都有军事存在，因此对不同文化的理解是至关重要的。西点也越来越重视学员的文化培养。比如，有越来越多的西点学员到国外进行学习，每年大概就有 140 名学员在国外进行一个学期的学习。除了在国外

学习一个学期的学员外，也在学年期间或暑假期间把数百名学员送到世界各地，给他们长达 3 到 5 个星期的时间，让他们更好地理解、对待、吸收其他文化的重要之处，以使他们在未来复杂的战场环境下成为更好的军官。

1. 海湾战争中西点人的表现

1991 年 1 月 17 日—2 月 28 日，以美国为首的多国部队在联合国安理会授权下，名义上为恢复科威特领土完整而对伊拉克发动了一场局部战争，被称作“海湾战争”。这场战争对冷战后国际新秩序的建立产生了深刻影响，打破了世界军事史多年的沉寂，成为新军事变革的重要里程碑。在这场战争中，以美军为首的多国部队开创了一种不同于以往战争的模式，呈现出信息化、精确打击的新特点，让世界为之侧目，也让世界开始认识、观摩、研究并尝试、实践由美国率先发起的新军事变革。作为世界军事思想的中枢，在信息化主导的这场军事变革中，美国西点军校毫无疑问处于“领跑者”的地位。它提供了充足的思想燃料和人才储备。

最具有代表性的是美军驻海湾总司令施瓦茨科普夫将军。

施瓦茨科普夫 1952 年考入西点军校，在军校里，他成绩中等偏上，摔跤、拳击、举重样样在行。施瓦茨科普夫特别热衷于研究军事史，1956 年以优良的成绩从西点毕业后，便立刻奔往佐治亚州的本宁堡空降兵学校学习跳伞，后来到了越南战场。

进入信息时代以来，西点军校的教学内容越来越灵活，强调密切追踪最新科技和理论成果，加速教学内容的改革，适时更新教学内容。例如，美国国防部1992年年底颁发信息战指示文件后，西点便于1993年开设了信息战争与信息管理课程，科学的教学内容设置必须与时代发展同步，为伊拉克战争和阿富汗战争等后续军事行动打下了基础。

海湾战争时施瓦茨科普夫将军在战地巡查

2.“9·11”事件后的反思

海湾战争时美军装甲突击部队

海湾战争时美军空降部队

新时期美国的国防战略和军事理论很多都是在西点军校这个重要战略思想策源地传播出来的。“9·11”事件对美国造成了巨大的冲击，小布什总统2003年夏天在西点的陆军军官学校毕业典礼上发表了一位分析家称为“迄今为止对我们

海湾战争时的战地司令部

为何而战的最详尽的阐述”，即“一种自由主义，该主义不仅将美国的国力用于保卫国家，还用于保护自由和在全球范围内传播自由。”并对新一代西点学员进行战争动员和征召。

罗伯特·盖茨 2006 年担任美国国防部长之后，屡次到西点发表演说，阐述美军防卫政策。2011 年 2 月 25 日，即将退休的盖茨在西点对美军军事变革发表了公开演讲，对新军事变革进行系统总结和展望。首先，他要求陆军准备好从传统大规模地面作战向“更轻更灵敏”转型，以适应今后更加复杂的安全环境。其次，他反对再次发动一场类似伊拉克或阿富汗那样的战争，以这种方式实现对敌对国家实现“政权更迭”机会渺茫。最后，着眼于信息化军事变革，盖茨提到了物理信息网络系统本身固有的缺陷，要看到信息网络的易攻击性。提醒谨防他国利用信息化的易攻击性而采取非对称性战略对付美军，五角大楼应引起高度关注。

3. 伊拉克战争中西点人的表现

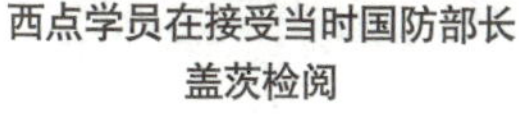
西点学员在接受当时国防部长盖茨检阅

盖茨卸任前在西点进行演讲

2003 年 20 日上午伊拉克战争打响，美军几个重要陆军师不可避免地成为这次战争中地面战斗的主角。在美国派往海湾的陆军师中，担负主要进攻任务的是第 4 师、第 1 骑兵师、第 101 空中突击师和第 82 空降师。美军这四支王牌部队的战斗实力和它们各自的指挥官成了人们关注的焦点，而这四位指挥官均为西点军校毕业生。

第 4 机械化步兵师是美国陆军第一个、也是唯一一个数字化师。该师长是雷蒙德·奥迪诺少将。他 1976 年毕业于西点军校，获得理学学士学位。奥迪诺海外作战经验丰富，他曾参加了海湾战争，当时在沙特参加了“沙漠盾牌”和“沙漠风暴”行动，在战斗中担任第 3 装甲师火炮部队的指挥官。由于作战勇敢，迅速得到提升，他获得过 3 枚国防杰出服务勋章、2 枚铜星勋章和 1 枚紫星勋章。

第 1 骑兵师是美军仅有的两个快速反应重型师之一，是

第 4 机械化步兵师师长雷蒙德·奥迪诺　　第 1 骑兵师师长乔·彼得森

美军从南线摧毁伊拉克防御力量的主力部队。该师师长是乔·彼得森少将，1972 年以“优秀生”的身份从西点军校毕业。他获得过多枚勋章，包括国防杰出贡献勋章、陆军基础贡献勋章和陆军成就勋章等。

第 101 空中突击师是美军唯一一个主要依靠直升机进行空中机动应急作战的部队。该师师长是戴维·皮特里斯少将，1974 年毕业于西点军校，他参加过海湾战争，当时担任 101 空中突击师第 187 步兵团第 3 营营长。他还获得了步兵杰出徽章，拥有法国、英国和德国的飞行证章。

第 82 空降师是美军唯一的空降师，与上述三名王牌师师长一样，该师师长查尔斯·斯瓦纳克准将在军校毕业后从军队基层一级一级干起，在海湾战争时，他曾率领过一支部队深入到伊拉克境内作战，先后多次受奖励，获得过一枚紫星

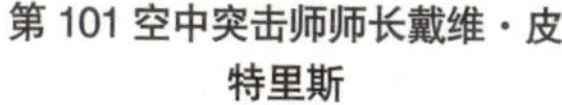
第 101 空中突击师师长戴维·皮特里斯

第 82 空降师师长查尔斯·斯瓦纳克

勋章和两枚国防杰出贡献勋章。

美军的上述王牌师基本代表了美国陆军最先进的作战力量，上述师的师长作为西点的杰出校友，也代表了美国陆军中最有发展潜力和前景的少壮派指挥官群体。在这场残酷的现代化战争中，他们的表现，确实为西点军校增光添彩。

2011 年 5 月 11 日西点的毕业典礼上，共有 1031 名学生毕业，在少数族裔学生群体中，亚裔约为 8%，共 86 名居第二位，仅次于人数为 100 的西语裔。参联会主席穆伦指出，当今的军人既要懂得“子弹的力量，也要知道选票的意义：知晓矛盾，也要了解文化。”并指出，当今的战场环境是“充满动态的，每一天都变得愈加互相依存”，希望学生们能突破所学的专业技术知识，拓宽眼界，从别人视角看问题，利用每一次机会来学习和让别人来了解。

西点军校现任校长戴维·亨通中将

在2012年5月26日的毕业典礼上，美国副总统拜登发表讲话时说，在美国的外交中，美中关系最为重要。并且他表示，现在必须妥善处理的最重要关系就是美国与中国的关系，两国日常事务与民众生活上的联系变得日益紧密。

纵观西点军校的发展历史，就是一部美国历史的写照，也是一部世界近代军事史的写照。西点军校的兴衰，西点军校毕业生的荣辱，都与历史的沉浮休戚相关。时间进入了21世纪，在以信息化为代表引领的现代军事发展新时期里，西点军校更加注重学员信息化技能的全方面培养和锻造，更加善于总结近现代美军几场高技术局部战争的经验教训，不拘泥于传统思维，积极顺应时代新形势，着力打造更新现代化信息化作战的教学理念，在崭新的征途上走在了世界军校的前列。

西点军校前校长丹尼尔·克利斯曼中将说："西点始终致力于成为世界一流的培养领导者的学校。"

事实也确实如此，在200余年的历史中，西点不断把那些立志从军、准备终生以身报国的有志者培养成为有品格的部队领导者。

走进西点，可以看出，学校的教育模式深深沉浸在浓厚的西点文化熏陶之中。西点辉煌的成绩背后离不开世人顶礼膜拜的"责任、荣誉、国家"六字校训；离不开毕业生们既爱又恨的规章制度；离不开西点学员激情竞技的体育风范。

有人说，西点文化是一种残忍而公正的文化，但是她把西点军校带向世界，走向未来。

一、责任意识

在西点军校城堡式的学员教堂里，高大门厅上镌刻着西点的校训——责任、荣誉、国家。它是西点信念教育的主旋律，

西点军校学员

是西点精神的结晶，是西点人引为骄傲的座右铭，也是指引西点学员四年成长的旗帜。

西点视责任重于泰山。第一个到西点军校访问的地方大学历史教授莫顿·杰伊·卢瓦斯曾肯定地说："西点人对待自己工作的那种强烈的责任感是无价之宝。"

在西点，任何一名学员，在踏入校门的那一刻起，就被要求以服务的精神自觉自愿地做好自己该做的事，有义务有责任地履行自己的职责，并且在履行自己的职责时，其出发点不是为了得到奖赏或是避免处罚，而是出于自己内心的责任感。

西点军校的学生章程中明确规定：每名学生，无论在什么时候、穿军装与否，无论是在校内或是校外，也无论是执勤还是担任警卫，都有义务有责任履行自己的职责。

西点坚信，只有对自己负责任的人，才会对社会负责任。

还有什么比战场更能让我学以致用呢?

1966 年，还是西点军校四年级学员的杜尼嵩，利用第一次去外地服役的机会，自愿申请上了战场，他当然也可以和他大多数同学一样，选择其他地方以暂时避开那场正在进行之中的“灾难性”的战争。当时，他和他未来的妻子的关系已经非常密切了，因此他做出这样的决定并不是很容易。但是他却这样描述自己当时的心情：“我心里想，我在西点花了四年的时间学习领导，还有什么地方比战场更能让我学以致用呢？”

感谢上帝，我履行了我的职责

毕业于西点军校的海军中将纳尔逊，曾在 1894 年的一次海战中失去了右眼，又在一次战役中失去了右臂，之后复员返乡。不久，他又重返军队参加战争。在 1898 年 10 月的古巴特拉法尔加角海战中，他率军大败法西联合舰队，最终挫败西班牙入侵美国的计划，但自己在战斗中负伤过重而英勇献身。临终前，他留给这个世界的遗言是：“感谢上帝，我履行了我的职责。”

请允许我带领士兵去战斗

华裔男生杨亦周，2008 年 5 月 31 日从西点毕业。记者

采访他时问：你在将军摇篮毕业时获得“综合评比第一名”，这个成绩对你来说意味着什么，是四年努力付出的回报，还是生命中一份珍贵的礼物？

毕业仪式上的西点毕业生

杨亦周的回答是“不是最珍贵的礼物”。他向记者讲述了一件事。他说：毕业前一周，学校举办了一场正式的晚宴，邀请了一些对母校有突出贡献的毕业生参加，我很荣幸是其中之一。宴会上，我与一位老人谈论彼此在西点的生活，他对我讲述了他毕业后在全世界奔走的军旅生涯。说着说着，他突然泪流满面。他说：“当我退役时，我觉得自己已经尽力做到最好了。如果可以再给我一次机会带领着美国士兵们去战斗，我愿意用一切交换。”

这位老人的话深深打动了杨亦周。他说：“我想我从西点学到的最宝贵的东西，就是国家信任并允许我率领美国士兵去战斗，这是西点教会我的责任。”

二、荣誉信条

西点从建校之初，就制定了《荣誉准则》和《荣誉制度》，

并专门成立执行与监督机构——学员荣誉委员会。经过多年的实践，西点逐步建立起一套堪称完美的荣誉规章制度，并形成自己独特的荣誉体系。

1. 品德是人生中最大的资本

一位西点毕业的商界精英曾评价说：美国的前500家大企业是教人以伦理，而西点是教人以品德。的确，西点学员把道德和荣誉看成是立身之本。西点的教官告诫学员，道德的光辉可以照射一个人的一生，有了它，一个人才可能取得成就、获得荣誉，进而赢得别人的信任和尊重。

“没有什么东西可以代替道德的力量”，这是西点告诫学员的一句话。西点的每一位学员都知道怎样才能以高标准的诚实来建立自信、信任和彼此间的尊重。所有人既能享受到集体荣誉所带来的光荣与益处，也有义务维护这种光荣与益处、节省管理成本、增强团队凝聚力和战斗力。

少将变上校

1929年毕业于西点的乔治·林肯，38岁成为美国陆军准将，是美陆军在第二次世界大战结束时最年轻的将军。曾为马歇尔上将的助手。

1947年，战争结束后，林肯放弃新的职务和岗位，出人意料地再三要求去西点军校的社会科学系教书，具体工作是给时任系主任的一位准将老战友做副主任。按西点规定，系

副主任最高只能是上校军衔。为能任职，林肯不惜向上级要求连降两级，从少将变成上校。

在林肯的带领和奋斗下，经过美国国会批准，在西点军校正式成立了专教经济学、政治学和国际关系学的社会科学系。与“西点校父”不是首任校长而是后来的第三任校长塞耶一样，西点社会科学系的“创始人”也不是该系的首任系主任，而是在1954~1967年间任系主任的林肯。

为了纪念林肯追求“百年育人”事业的卓越见识和为了理想抛弃名利地位的出众品格，也为了纪念他对西点社会科学系的突出贡献，西点社会科学系所在的办公楼被命名为林肯楼。楼里镌刻着林肯的一句格言：

“纪念碑上的刻字并不代表我们的成就，只有在军校生和年轻军官们的品格和能力发展上留下的印记，才算是我们完成使命的记录。”

2. 视荣誉为生命

荣誉是加于廉洁无私的爱国者那思虑深重的头上或是胜利的勇士那饱受风霜的头上闪光的桂冠，西点视其为生命。1906年，18岁的乔纳森·温莱特准尉在西点毕业典礼上立誓：要为美利坚合众国的荣誉流尽最后一滴血！

在西点，新生一入学，首先要接受16个小时的荣誉教育。在这样一种荣誉准则和荣誉制度的环境教育中，西点学员不遗余力地维护着集体荣誉，上至校长下至普通学员。

西点的荣誉准则规定：每个学员绝不许说谎、欺骗或者偷窃，也绝不容忍此类行为者。背离荣誉准则的处罚，通常也比违反纪律的处罚更重。

“批准缺席”的后果

在西点 1996 届学生中，有这样一位不幸的新学员。他因不习惯西点的生活而跑去参加一个学员的宗教团体晚会，想在那里找到片刻的安宁。当时，他并不知道按照章程规定他有权参加这个聚会，他是忍不住去的，并在自己的缺席卡上填了“批准缺席”。

当晚回到宿舍后，他回忆自己的所作所为，左思右想总觉得自己犯了错误。于是，他就向学校荣誉代表坦白交代了这件事。这时他才知道自己其实是有权参加那个聚会的。然而，一切都晚了，虽然他的行为一点儿也没有违反校规，并且也主动承认了错误，但是学校荣誉委员会却坚决认为，他有违反荣誉准则的行为。第二天，这位学员被学校开除了。

绝不允许损害信誉

在一次年级期中考试中，一位学员照抄了邻座有关中国和日本现代两个政治人物的错得很离谱的答案。教官发现后和他谈话，这位学员痛哭流涕认识到错误，教官提议给个处分就可以了。但在纪律和荣誉问题上，教官的意见不是最终决定。军校里的荣誉委员会综合考虑后，认为他不可宽恕，最后决定将这个三年级的学生除名。

一位中国教官的感受

一位中国张姓教师在西点军校担任了一年中文客座教授，期间发生的一件事令他感慨颇多。汉克是一名非常优秀的学生，思维活跃，颇有见解。一次，张教授提了一个较难的问题，没有一个学生回答，张教授第一时间里就点了汉克的名字，可是并没有见到汉克起立，这时张教授才发现他缺席了。然而，更让他恼火的是，第二天上课在检查出席卡时发现汉克竟然私自在自己昨天的缺席一栏上填了“批准缺席”字样，上完课后张教授把汉克叫到面前进行批评教育，恰好工程学教授劳伦斯经过，听到汉克冒用老师名义私自在出席卡上填了“批准缺席”字样时，他面色一沉，停了下来问：“张老师说的是真的吗？”“是。”汉克胆怯地说。“我会报告给教务处的。”劳伦斯说。两天后，公布的处罚结果让张教授和汉克都傻了眼，汉克接到了开除通知，这个天不怕地不怕的小伙子第一次哭了，他含着泪找到张教授，恳请他向学校求情。于是，张教授找到负责教务的卡特教官，向他力陈汉克的种种优点，而卡特却说：“要知道，在西点人眼中，荣誉比什么都重要。”最后，汉克只有流着泪收拾行李回家了。

在西点荣誉信条的熏陶中，学员逐步掌握了军事职业的价值标准，明确了个人价值在人类行为中的地位和作用，分清了法律与道德之间的关系，树立了高尚的个人品德。

荣誉是西点毕业生的嫁妆，也是西点的生命。

3. “英雄崇拜”弥漫校园

西点的校园里弥漫着对英雄的崇拜之风。校园里很多的建筑都用英雄的名字命名，军校生军团的每个营连乃至班排，都有自己的“英雄版”“英烈传”和200年的光荣传统。

日常生活中，西点的学员们通常用“英雄”互称，以鼓励士气。教官们也通常在通告、函件、电子邮件乃至贺卡里写到“在西点基地的英雄们”“林肯楼里的社会科学系的英雄们”“本周末将要彻底打败海军（足球队）的西点英雄们”“我们在第82空降师的校友英雄们”等等。

美军每次新战事，都常会涌现一批新的英雄人物。这些英雄的塑像、画像、遗物及他们的故事，在西点军校随处可见，学员们耳熟能详。

2001~2002年，美军在阿富汗摧毁塔利班政权，追剿本·拉登的“基地”组织。这期间，一些西点毕业生成为活着的新英雄。

1993年毕业的军校生军团第A3连学生杰森·艾迈林，时为美陆军第五特种兵空降集团的上尉。曾率领一支10余人的精锐小分队，于2001年10月潜入阿富汗，在战火中击败几十倍于己的塔利班政府军，救出了阿富汗反政府组织北方

联盟首脑，即后任阿富汗临时总统的哈米德·卡尔扎伊。艾迈林得到两枚勋章，成了西点军校培养出来的新英雄。

由于对英雄的追崇与敬仰，西点军校学员毕业时很少崇尚好逸恶劳，通常是哪里英雄多困难多选择哪里。美国陆军两大王牌精锐第 82 空降师和第 101 空降师，这两个师通常在全球范围内执行任务，常常面对最艰巨的任务，却是西点学员最向往的地方。相比之下，驻日美军的生活条件则好得不可想象，他们的住宿娱乐和办公服务设施都是第一流的，经济条件和生活环境都非常优越，却很少有西点毕业生将驻日服役视为第一选择。

4．要有强烈的成就欲

西点提倡学员要有强烈的成就欲，永争第一。

在西点，有这样一条格言：“目标要明确，信念要坚定。”西点精英认为，目标是行动的灯塔，我们所有的精力和智慧都是为它储备的，目标的大小直接决定着我们所成就的事业的大小。目标像靶子，行动像箭，你必须知道瞄准什么和如何运弓——然后把弓弦拉足，让箭飞射出去！

西点军校里不存在平级调动，他们要么晋升，要么出局，留下来的全是成功的、积极进取的学员，这些学员也尽自己最大的努力争取最优异的表现。

在西点晋升标志着一个人的能力、一种愿望、一种荣誉，晋升会让一个人获得更大的收益、更大的权力、更高的荣誉，而且西点军校会更加称赞这样的学员。

在强烈成就欲的牵引下，学员们尽力追求卓越。他们坚信：一个人不管现在已经多么伟大，他依然需要不断地提升自己，若从现在起就停留在现有的水平，你就会倒退，已经戴在你头上的光环，也会逐渐失去它的光辉。

西点军校一直流传着一位少校的名言："在我毕业那天，毕业典礼上的讲话人说，在我们600人当中，有20人将会成为将军。听毕，我便环顾四周，看看谁是另外的19人。"这句话听起来或许有些狂妄自大，却从一个侧面反映了西点人"敢为天下先"的责任意识。

三、团队精神

战争是群力的集合。西点一直在努力教育每一位学员去明白一个重要的道理：任何一个人，都能贡献出与众不同的才能，一旦融合在一起，就能够很好地完成任务。即团队精神威力无穷。

西点的教官经常会这样告诫学员："一滴水要想让自己永不干涸的唯一方法，就是将自己融入大海之中，即使是非常弱小的个体团结起来，也会形成一股强大的力量。"学员之间也一直流传着这样的话：精诚团结直到毕业。

被称为西点之父的塞耶校长，在接管西点军校以后，曾

■在第二次世界大战中，美国正式成为西方国家的领袖。图为 1944 年 6 月，美军诺曼底登陆。

就“怎样增强西点的团队精神”而进行了大力改革。他设想建立一个新型的学员团。在这个团体内，每位学员都能够光明正大、公正合理地开展竞争，所有人都不得为谋取个人利益而弄虚作假、耍阴谋手段，他们精诚团结，创造辉煌。

塞耶认为，除建立斯巴达式的组织纪律外，学员团队的领导必须非常公正、富有感染力，能和学员们一道为一个明确的目标同甘共苦，协同努力。为此，他强调培养学员“我为人人，人人为我”的精神。

而今，西点里设有花样繁多的训练，如教官们有时候会假设一个团队的共同敌人，激励所有学员们一起打倒他，规定如果一个人犯错，那他所在小组中所有人员将同时受到处分，目的就是让每一位学员在训练中体验到团结的力量，体验到奉献的荣誉感。

在西点的第一年，新生们共同的看法是，生存的关键不在于“合作以毕业”，大家必须同心协力，才能打败学长这个共同的“敌人”。比如新生会互相转告学长“每日一问”的内

西点学员的协同训练

容，包括当天上演的电影、当日菜单、距离最近的一些活动还有多少天等等。如果有谁拿到菜单，把内容输入计算机网络，其他 1000 名新生就不必统统跑到餐厅去抄菜单了。对于学生而言，没有个人的行为动机，只有团队的目标。如果一个新生动作比别人快，提早报到接受服装仪容的检查，皮鞋都擦得晶亮，新生知识也倒背如流，但是同组的其他人却比他晚到，那么他不仅不会因为个人的表现获得奖励，反而会因为遗弃队友受到训斥，甚至受到处罚。

巴克纳尔营地是西点军校的地产，与构成西点军校中心区域的那些颇负盛名的花岗岩建筑和阅兵场距离较远。二年级学员的训练，通常会有高年级学员与很多正规陆军军官或军士组成的教官团队组织实施。训练内容包括地图判读和方位确定、安排战术及轻武器的使用。经历过巴克纳尔营地的训练后，让西点学员明白一个十分重要的道理：任何一个人，都能够贡献与众不同的个人才能，一旦融合到一起，就能够很好地完成训练任务。

四、体育风范

自从麦克阿瑟开创西点培养第一流运动员的活动后，西点就提出了“每个学员都应该是运动员”的口号。西点认为体育训练可培养军人坚韧不拔的精神、自我控制能力，坚决、勇敢与机智灵敏的性格。

美国许多知名人物，都是西点体育运动的优秀运动员。如麦克阿瑟是棒球明星，艾森豪威尔是足球中卫，巴顿打破过220码低栏的军校纪录，曾代表美国参加过1915年斯德哥尔摩奥运会，布莱德雷是陆军棒球史上优秀的球手之一，他曾经说："我的自我约束能力得益于长期进行长跑所锻炼的耐力。"

西点学员的体能训练

西点的体育教育贯穿学员四年的生活中。学校体育设施种类齐全，设备完善。它拥有两座大型综合体育场、一幢体育大楼和数个室内外游泳池、室外篮球场、排球场、足球场、网球场、橄榄球场、曲棍球场、滑雪场、十八孔高尔夫球场和保龄球场。

学校设置多项体育项目，有些可连续锻炼，保持终身。如高尔夫球、网球、羽毛球、手球、保龄球、小橡皮球，以及滑冰、滑雪运动等，高班学员还要学习体育辅导与教练工作。并为每个学员连队配备一名体育教官，既担任学员教练又组织活动、评定成绩。

学员可以自愿参加地区或全国展开的校际体育比赛。据统计，西点每届学员队学员大约1/3的人参加过校际体育比赛，

其中20多项比赛项目中西点处于绝对的领先地位。

享誉全球的桑赫斯特竞赛

桑赫斯特竞赛始于1967年，由英国桑赫斯特皇家军事学院赠予美国西点军校一把英国军官佩剑，希望西点军校将佩剑作为一项军事竞赛奖品奖给学员，由此发展出享有国际声誉的军事院校间军事技能比赛。竞赛内容全是西点军校学员常训科目，主要围绕船只机动、通过障碍、索降、战场伤员护理、射击、武器操作、定向越野、决策能力挑战、绳桥、总转场时间等10个项目，展开体能、技能、智能和团队协作、战术决策能力等方面的角逐。

2012年元月底，西点军校第一次邀请中国人民解放军军校代表队参加桑赫斯特竞赛，中国人民解放军理工大学有幸成为我军第一个吃螃蟹者。届时有来自美国、英国、澳大利亚、加拿大、阿富汗和中国等8个国家近20所军事院校的55支代表队参加。规定参赛11人，2名做替补，其余9人作为一个单兵班上场，而且其中一人必须是女性。

从接到邀请函到正式比赛，时间只有两个多月。在不了解竞赛项目和不掌握竞赛规则的情况下，理工大学心里没底。有人认为，作为我军军校学员首次参加国际军事技能赛事，慎重一些比较好；有人认为，先当一回观察团，了解一些情况，来年再战……

面对众多议论，理工大学最后的决定是：“作为中国军人，逃避挑战等于吃了一场败仗。军校学员不仅要走上国际交流的舞台，更要将中国军人的精气神‘亮’于国际赛场。”很快，经上级批准，大学按竞赛组委会要求，临时组建了由11名各年级学员，其中2名女生组成的参赛代表队。

首战不利

经过短时间适应性训练，2012年4月17日，理工大学代表队走出国门，奔赴桑赫斯特军事竞技舞台。4月20日，紧张激烈的比赛在西点军校巴克纳军营训练基地开始了。

在协调会上，理工大学的学员们了解到此次比赛均以实战背景为先导，又临时增设了一些所有参赛队都意想不到的内容，并调整了比赛规则、标准，而且具体情况只有到比赛现场才能知晓。比赛强度、难度为历年之最。并且，完全物理隔离了领队和教官，所有比赛只能是学员自己去讨论完成。

第一个比赛项目是定向越野。要求3个小时内在野外深山丛林中找到24个坐标点。正当大家紧张准备时，美方临时调换了地图，换成了美军常用的高精度地图，而理工大学学员恰恰缺少这方面的训练，加上美军指南针与我军指南针有差异。结果，学员们多走许多冤枉路，最终只找到10个坐标点，成绩排名靠后，位居44名。

第二个比赛项目是射击。射击本来是理工大学学员队自

准备比赛的军校学员

认为的一个强项，没想到适应训练时美军给的是75米胸环靶，而正式比赛时却给换成了头靶。不仅如此，我军学员平时使用的95式自动步枪采用的是准星瞄准，美军使用的M4全自动步枪使用瞄准镜瞄准，技巧完全不一样。国内训练一般是100米固定靶，卧姿瞄准，比较稳定。而在这里最小的头靶远达300米外，几乎看不清，最近的反而是100米外的胸环靶。

在模拟的战场环境下比赛开始了，音响中不断传来隆隆的枪炮声和刺耳的尖叫声，白色的平民靶与绿色的敌人靶交替出现，3秒，不能误伤“平民”，击中绿色敌人靶只得1分，一名中国学员误击“平民靶”，立即扣10分！西点的军官还有意装填了部分空弹壳模拟卡壳等突发情况，并且悄悄站在学员身后看其随机应变能力。

射击完毕后，美方要求每个学员把枪伸进装满沙子的油桶验枪，以保证子弹打完。如果学员把枪口对着人，立即扣分。

结果，理工大学队吃足了苦头。仅得35分，名列第39。

第一天就出师不利，首日两个项目的成绩理工大学队均排名靠后。

知耻而后勇

次日的比赛是实战性科目，随时考验参赛队的果断决策和灵机应变能力。

首先进行的是障碍科目比赛，这是西方军校学员传统的优势科目。与西点军校相比，我军军校在国内训练时障碍科目相对较少，模式固定，各个障碍的高度和跨度相对低一些，而美军的高度和跨度高得惊人，一个人根本无法完成，必须团队合作才能完成。国内标准的400米障碍考验的只是个人的能力，而西点军校的设置完全考验团队精神。不仅如此，比赛一开始，规则又突然变了，要求增加15个水桶，过障碍的时候这些水桶还不能碰到障碍物，队长侯鹏果断决策，明确分工，起身提着两只水桶，快速、稳健依次跨过障碍，队友们紧跟而上。

很快，理工大学学员迅速赶上了早先2分钟出发的美军的一支代表队。观战的一位英国军官尖叫："太荒谬了，就像鸟儿一样飞过去，他们是怎么做到的？"

铁丝网的设置与国内相比明显偏低，几乎贴近地面。为了增加难度，教官还安排了一个"模拟担架伤员"，担架上放

穿越铁丝网

了90千克的石子，要求学员集体合作拉着这个模拟担架伤员通过铁丝网。这些都没有难倒中国学员，在越过8个障碍后，中国代表队已成功将先出发的多支代表队超越，无一失误，以满分80分的成绩，位居第一。

障碍比赛结束后，裁判突然在转场过程中增加搬运下水道水管的任务。水管直径约半米、长约6米，要求队员必须徒手将水管运抵约1千米以外的比赛地域，途中可以换人，但水管不能着地。

“换手必停，肯定耽误时间”。理工大学学员们经过短暂的“会议”，决定采用“原地换手法”，在保持前进速度的情况下，后队变前队，左手换右手。很快，我军代表队超越了先前出发的两支参赛队。接着上场的几个队纷纷模仿他们的做法，连场外观看的西点教官也连连惊叹：“太聪明了！”

接着进行的是指挥能力的比赛。需要把重达500千克的

搬运水管

原地换手中

榴弹炮沿S形路线运至指定地点。炮底座非常重，很难保持整体平衡。刚开始，6名队员抬着底座只前进三四米，就再也抬不动了。

这时，一名队员发现运送装备中有一根2米多长的铁管。他灵机一动，运用杠杆原理，将铁管插到榴弹炮的底座上，只用3个人就很轻松地将炮抬了起来。腾出手的其他队员在前面拉，前进速度大大提高了，跑着完成了比赛，所用时间在所有参赛队中最少，赢得观众阵阵喝彩！

在手雷投掷比赛中，学员们遇到了麻烦。比赛规定，手雷炸点在半径一米内为100分，在半径5米内为50分，这就是说不但要看弹着点，还要看落地后滑动点与爆炸点范围打分。而我军学员平时训练时只看弹着点打分，这给以往那种只管投得远投得准的方法提出了新考验。光靠蛮力是不行的，必须要动脑子才能获胜。理工大学学员们没有丢脸，参赛的4名队员，在半径1米内2枚，在半径5米内7枚，又获得了手雷投掷比赛第一名。

绳桥科目增加了弹药箱搬运，船只机动科目增加了撞铁门和伐原木等，在充满挑战的比赛中，理工大学学员们以昂扬的斗志和顽强的拼搏精神，取得了一个个优异的成绩，充分展示了中国军人的临场应变能力和组织协作能力。

比赛越到最后竞争越激烈，越来越多的西点学员、亲友团观众成为中国队的啦啦队，“中国队，真棒”的声音在赛场上空激荡。英国、加拿大等老牌强队的队员们纷纷跑到中国队员跟前，向中国代表队竖起了大拇指。

比赛结束当日 18 时 30 分，中国代表队连续战斗了 10 多个小时后，结束了紧张激烈的角逐。当他们迈着整齐的步伐、齐声高唱《打靶归来》离开赛场时，原本喧闹的赛场刹那间静了下来，许多观众起身站立，纷纷向中国队投来赞许的目光……

当天晚上 8 时，在西点军校华盛顿厅，举行了颁奖仪式。本次的比赛成绩是，澳大利亚皇家陆军学院获得第一名，英国桑赫斯特皇家军事学院获得第二名，加拿大皇家军事学院获得第三名，中国人民解放军理工大学学员队获得第四名，以及两个单项手雷和障碍第一名，美国西点军校 G4 连获得第 6 名。颁奖时西点军校校长亨通中将紧紧握住班长侯鹏的手，说：“中国队，非常棒，我以你们为荣！”亨通中将说这话可能是他本人都没想到中国军校代表队首次参赛居然会取得这么好的成绩，因为 2011 年中国台湾地区代表队参赛时，排名第 49，世界各国倒数第二。

通过这次竞赛可以发现，美军军校训练与我军训练大为不同，我军注重单兵个人素质，训练模式和方式基本固定，科目少，较少变化。而美军所有训练完全贴近实战，而且随时变更规则和计划，许多项目的设置达到了几乎让人无法想象的地步。并且美军讲究团队合作精神，可以说完全抹杀个性。规定参赛11人，2名做替补，其余9人作为一个单兵班上场，而且其中一人必须是女性，这在我军军校训练时几乎从没有出现过。通过参加桑赫斯特竞赛，对我军军校的训练有相当大的借鉴之处。这是改革开放以来，美军首次邀请中国学员参加，我们取得的成绩难能可贵，捍卫了中国军校的荣誉，对于竞赛中所出现的不足，借用西点的名言“没有任何借口”，应在今后的训练中进行反思和改进。

颁奖仪式

美国海陆军橄榄球大战

西点的体育比赛在美国有较大名气，常常成为秋季大赛的开场球。男队还有足球、水球、越野赛跑；女队有排球和越野赛跑。校际球赛有较为坚实的资助，由西点毕业生及支持者14000名组成的陆军体育协会是大后盾，在军内有相当的影响。

在西点教学楼和学员宿舍楼顶上，可以见到用黄色油漆写着非常醒目的大字："GO ARMY"（参加陆军）和“SINK

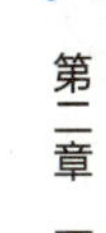

NAVY”（击沉海军），这就不得不说一下著名的每年一度的橄榄球比赛。

在西点乃至美军所有体育比赛中，影响最大的就是美国海陆军橄榄球大战，双方代表队就是海军的安纳波利斯海军军官学校和陆军的西点军校。值此重大赛事之际，西点学员将会出动全副战斗装备，甚至开着装甲车为球员送行，希望他们能够取得好成绩。

西点学员宿舍楼

这项比赛来源于1890年11月29日，西点军校学生丹尼斯·米奇接受安纳波利斯海军军官学校的挑战，在西点军校的大操场率领西点橄榄球队大战来访的海军军官学校橄榄球队，结果以0∶24惨败。看着他们骄傲的神态，整个西点都愤怒了，他们从来没有受到如此的羞辱，从来在战场上只有他们欺负别人的份，这回输得太没面子。由于是全国两个名校间的对抗，比赛结果很快就在全美传播开来。西点人的斗志被史无前例地激发出来，要求报仇雪恨的呼吁一浪高过一浪，甚至不少人还送来捐款，以资助西点橄榄球队的训练和聘请教练。

经过一年的艰苦训练后，双方再战，地点在安纳波利斯，全国的报纸都报道了这场比赛。最终西点以32：16战胜对方，终于出了口恶气，但从此双方结下了“梁子”。激烈的比赛甚至感染了观战的将军们，一位陆军准将与一位海军少将从口角之争发展到拳脚相加，最后竟然相约进行决斗，以致惊动了时任总统克利夫兰。于是，出现了禁赛令，规定两支球队都必须离开本校才可以进行比赛。1899年，禁赛期结束，双方便迫不及待地相约交战，为了表示公平，重新开战的地点选在离双方距离都差不多的费城富兰克林大球场。此后，费城便作为“海陆大战”的承办地固定下来，一直延续至今。

安纳波利斯海军军官学校的口号是“打败陆军”，而西点军校的口号是“击沉海军”。如今，这两句口号已经超出比赛的范畴，成为双方骨子里的竞争印记。据说，安纳波利斯海军军官学校和西点军校的毕业生相互间在写信时，结尾大都不写“此致敬礼”之类客套话，而代之以咄咄逼人的“打败陆军”或“击沉海军”。

1909年，西点军校一名队员在比赛中丧命，陆军高层大惊之下，命令取消比赛；随后第一次世界大战爆发，战争部命令双方暂停所有比赛，将全部精力投入战争；1928年和1929年双方就参赛队员的资格问题发生争执，两度取消了全年的比赛。1930年，海陆橄榄球大战再次揭开战幕，西点军校连赢四年，扬眉吐气，一直到第二次世界大战爆发，西点

都是赢多输少。但陆军队的运气随着战争的爆发烟消云散。从 1943 年起，安纳波利斯海军军官学校队连赢五年，搞得战场上的美国陆军步兵们都不好意思和海军水兵见面，坐登陆舰时，都恨不得用面罩把自己给遮起来。

第二次世界大战结束后，比赛场面虽然仍旧火爆，但以前的那种剑拔弩张、你死我活的气氛被并肩杀敌的情谊消除殆尽。

现在双方在比赛前,会有一个“交换俘虏”的仪式,所谓“俘虏”，就是在西点军校学习的海军军官和在安纳波利斯海军军官学校学习的陆军军官。裁判开始吹哨前，这些军官们在球场上列队致敬，然后“海归海，陆归陆”，各自走回自己的母校球迷阵营，加入短暂的狂欢。

参加“海陆大战”的球员大多不会成为职业球员，毕业之时就是他们脱离球场之刻。战争年代，很多毕业学员走下赛场后便直接奔赴战争。因此，在生死离别之际，几乎每年的赛场上，都可以看到感人的场面，即使是现在，对逝去战友和同窗的怀念也会不时出现在赛场边。

J.P. 布莱克·史密斯少尉是安纳波利斯海军军官学校 2003 届毕业生，是橄榄球队的四分卫，比赛时曾大放异彩。参加完最后一届比赛后，被分配至海军陆战队第一师，于 2004 年来到伊拉克，但不久后在执行任务时被一发子弹击中心脏，成为第一位牺牲在战场上的“海陆大战”的球员。当

2012 年的比赛，赛前双方学员神情严肃，严阵以待

布莱克·史密斯阵亡的消息传回国内时，正值2004年度“海陆大战”开打之时，他的死讯让很多人难以接受。于是，比赛当天，队友们将布莱克·史密斯的父亲接到现场，接受全场观众的致敬，并把布莱克·史密斯曾经用过的橄榄球装备放在场边的椅子上，“看着”昔日的队友奔跑、冲撞。最终，安纳波利斯海军军官学校以42 ∶ 14战胜了西点军校。

2011年的比赛中，美国总统奥巴马现身球场让参赛双方兴奋不已，海军队获胜，而2012年的比赛，副总统拜登到现

比赛中的激烈拼抢

场观看，比赛仍旧是海军队获胜，让西点感受到沉重的压力。

西点军校与安纳波利斯海军军官学校之间的竞争一方面反映出陆海两个军种间沿袭已久的矛盾，另一方面也可以看出这种矛盾已经被用作培养军队团队精神的跳板，无疑这种精神具有极强的攻击性与侵略性。

五、校园生活

西点军校一直坚持的教学宗旨是：为国家提供具有领袖风范的合格的专业化军事人才，因此西点要求学员不仅要学习军事、科技、人文科学、外语等文化知识，还要掌握多种武器的操作。

似乎为了与紧张的学习节奏形成鲜明的对比，西点的校园非常开放，学校附近便是西点小镇的主街，街上有各种各样的商店和酒吧，在周末及节假日，经常可以看到西点的师生来酒吧狂欢，当学员撒酒疯时，酒吧老板会将教官请来，将学员带回去。

周末的舞会更是校园附近的年轻姑娘们向往的活动，每年一次的毕业生舞会的入场门票十分抢手，因为能够结识西点优秀的毕业生们是姑娘们非常乐意的事情。

敬礼是西点校园里随处可见的现象。不管认识与否，下级军官见到上级时要主动敬礼，低年级学员要向高年级学员敬礼。

校园景观

雕塑与纪念碑及实物陈列品是西点校园里另一道亮丽的风景。这些造型艺术的作品是西点军校200多年历史的缩影，每一件都有一个抹不去的故事，都诉说着美国的一段历史，都记载着西点的成长足迹。西点军校教师的一句口头禅："我们教的大部分历史是由我们所教的人创造的。"

一座座矗立的雕像和纪念碑所反映出的美国军人在战争中英勇献身的崇高精神，是该校对学员进行爱国主义教育的生动教材。这不仅让他们记住：战争带来的有灾难、荣光和耻辱，同时也激励他们去奉献、追求和超越。可见，西点是崇尚美国价值的典型堡垒，教官、学员重视的是美国价值、美国利益。

1．巴顿塑像

巴顿1904年入校，1909年毕业。他在第二次世界大战中叱咤风云，赢得了美国政府和人民的高度赞誉，成为人们心目中的英雄。1950年由巴顿夫人揭幕的这座塑像是詹姆斯·弗雷泽设计的。据说巴顿成名后有人问他为什么在西点多上了

巴顿塑像

一年学，巴顿幽默地说他始终未能找到学校的图书馆，因此手持望远镜的巴顿将军塑像被幽默地树立在该校图书馆的对面。

2. 美国士兵塑像

1935 年和 1936 年从该校毕业的老学员，在 1980 年把这座塑像赠送给母校及学员旅。它塑造了第二次世界大战期间 3 个美军士兵的形象。基座上写着“献给美国士兵”等词句，成为校内第一座向应征入伍的美国普通士兵致敬的塑像。

巴顿将军曾因殴打违纪士兵招致军内外的谴责，这座雕像似乎在提醒未来的军官们要善待士兵。2.7 米高的青铜塑像位于拉斯克水塘北岸，由费利克斯 · 沃尔顿塑造。

3. 塞奇威克纪念碑

在所有雕塑中，最受欢迎的就是塞奇威克纪念碑。

塞奇威克 1837 年毕业于西点军校，参加了墨西哥战争的一些重大战役。在南北战争期间，他率领的第 6 军所向披靡，据说纪念碑上部的塑像就是用该军缴获的南部联军的大炮熔化后浇铸的。1864 年塞奇威克少将不幸被 700 多米外的敌方狙击手击中，

塞奇威克纪念碑

1868 年他的部下在西点军校建立了这座纪念碑。很多学员相信该碑能够给他们带来幸运，学习成绩不佳的人身穿标准礼服在午夜来到这里转动浮雕上的饰环，他就能够通过第二天的考试。

4. 科修斯科纪念碑

撒迪厄斯·科修斯科是波兰炮兵军官和杰出的军事工程师。他是欧洲第一位支持美国独立战争的志愿者，1777 年在萨拉托加战斗中对美军战胜英军作出了重要贡献。1778 年他来到西点，花费两年时间设计并监督建筑了此处的军事要塞，为 1802 年西点军校的建立奠定了重要基础，该碑底座是在 1828 年由学员旅树立起来的。

5. 麦克阿瑟塑像

道格拉斯·麦克阿瑟是西点军校天王级偶像。他 1903 年以优异成绩毕业于西点军校，1917 年任第 42 师 (彩虹师) 参谋长，赴法国参加第一次世界大战。1919~1922 年担任西点校长，进行一系列改革。1945 年他被任命为盟军最高统帅，随后成为占领日本的军事首脑。1962 年麦克阿瑟回到母校接受塞耶奖，发表主题为“职责、荣誉、国家”的著名演讲。这是他对西点理念的最后贡献。3 个英文单词成为西点的校训，被铭刻在校徽上。1969 年麦克阿瑟的夫人捐赠了这座塑像。它是由沃尔特·汉考克塑造的。

6. 艾森豪威尔塑像

德怀特·艾森豪威尔 1915 年从西点军校毕业，

麦克阿瑟塑像

1953~1961 年担任美国总统。西点军校的网页上认为他是“当代美国领导人的一个最重要的典范。他成功地把美国军人的崇高美德和民主社会的基本原则集于自身”。2.7 米高的青铜塑像出自西点军校 1953 年毕业生小罗伯特 · 迪安之手，1983 年被树立在红色花岗岩基座上。

7. 华盛顿纪念碑

乔治 · 华盛顿是美国独立战争时期大陆军总司令、美国第一任总统，被称为“美国之父”。他意识到西点战略地位的极端重要性，特别是革命战争后期花费很多时间关注这一地区。他是建立西点军校的首要倡导者。这座塑像是由亨利 · 柯克 · 布朗塑造的，1961 年揭幕。

8. 塞耶纪念碑

西尔 · 韦纳斯 · 塞耶 1808 年从西点军校毕业。1817~1833 年塞耶年担任西点军校校长，任职时间之长是空前绝后的，对

华盛顿纪念碑

塞耶纪念碑

该校发展的重大影响也是无人企及的。他重视教员队伍的才干和专业教育的质量，用严格的纪律营造军校氛围，强调对学员进行荣誉和诚实教育的重要性。在塞耶离开校长岗位 50 年后，1883 年卡尔·康拉德创作了这座塑像。塑像基座上有 4 行铭文，第 1 行是他的姓名，下面 3 行的意思就是“军校之父”。

9. 军校学员塑像

这座表现法国军校学员风采的塑像是一个复制品，是 1919 年由法国圣西尔军校赠送，树立在西点军校中心区。该校与西点军校关系密切，90 多年的风雨使这座镀金塑像渐渐失去了昔日的光彩，但法美两国军校之间的联系日益紧密。

军校学员塑像

10. 大铁链

摆放在战利品陈列地的大铁链是独立战争时期当地重要军事防御设施

的一小段。从1778年到1782年，为了阻挡英军船只，人们在哈得孙河上拉起了两根大铁链，每根长达460米，与河面上的圆木捆绑在一起形成两道屏障。此处的15节铁链是第二根铁链的一部分。当年这根铁链在西点要塞构成哈得孙河河面上的第二道屏障。第一根铁链在西点下游6千米处，横跨蒙哥马利堡垒与安东尼岬之间，靠近现今的熊山大桥。

11. 战争纪念碑

它是西点军校最突出和最宏伟的纪念碑。1897年树起的这座圆形石碑是“为了纪念在战争中牺牲的美国军官和士兵”，实际上特指在南北战争中联邦军队的阵亡者。纪念碑由一家建筑工程公司设计。19世纪后期美国最著名的建筑设计师斯坦福·怀特加盟该公司。据说碑体是西半球最大的磨光花岗岩圆柱,上面铭刻着2230个烈士的姓名。顶部的荣誉女神(又称“胜利女神”)是弗雷德里克·麦克蒙尼斯雕塑的。

东南亚纪念碑

12. 东南亚纪念碑

此碑位于拉斯克水塘附近，是1960~1969年毕业于该校的学员树立的。虽然碑文中没有“Southeast Asia”（东南亚）一词，但因越南战争波及东南亚多个国家，一些人又不愿意正面提

■ 朝鲜战争是第二次世界大战之后第一场影响世界格局的战争。美军第一次和中国共产党领导下的志愿军交手，尝到了首次败绩。图为 1950 年，美军在朝鲜战场上与朝鲜军队作战。

及那场令很多美国人痛心的战争，所以它被称为东南亚纪念碑。镶嵌在花岗岩中的青铜板上的碑文写道：“纪念越南战争期间在战场上倒下的我们的同学以及美国武装力量的其他成员。他们的牺牲证明为了职责、荣誉和国家他们献出了一切。”在这场战争中死去的西点学员是可悲的，在越南战争期间及战后多年中，西点的声誉陷入低谷，很多优秀学生不愿报考该校。

13．战利品陈列点

这里是哈得孙河谷最有人气的地方。在过去的200多年中，人们在此面向北方描绘了各种画面，拍摄了大量照片。这里陈列的实物是美国一些大战役的缩影。对西点来说，这里是历史和现实的最佳交汇点，那些早已牺牲了的前辈同这里的学员与游客一样具有生命力。

14．飞行纪念碑

1992年树立此碑是为了纪念在空战中遇难的所有学员。它坐落在拉斯克水塘的北面。纪念碑由基座和塑像两部分构成。塑像的造型是火焰与气浪推动一个裸体男性飞向天空。

六、精神栖息

宗教一直以来都是西点军校的重要组成部分。学院成立之初，学员们就被要求参加每周一次的教学礼拜，这个规定一直持续到1969年。塞耶深信，一个人需要拥有优秀的品质，

强健他的体格，丰富他的思想并升华他的灵魂，而获得这种品质的最好方法是使他时刻沉浸在某种特定的环境中，宗教——确切地说是大多数学员信奉的基督教（新教）——将塑造这个特定的环境。

西点军校内设置有各类教堂，大小不一，供信奉不同宗教的学员使用。每天下午 18 时 10 分，大约有 200 名学员同时参加宗教仪式；另有 300 名学员在 3 个教堂练习唱赞美诗，每周在不同教堂内均有讨论会。信奉基督教的学员的教堂独具风格，有世界上最大的教堂乐器悬挂在天花板与墙壁之间，演奏时共鸣与音色很好，加之教堂的窗玻璃也很精美，成为全校的景点之一。其他教堂与团体也是多种多样，如天主教礼拜堂、犹太教主礼拜堂等。学员可自己选择要参加自己的宗教活动。通过这些，可增加学员对宗教文化的了解，学员精神上也有所寄托。在广义上讲，宗教也是融合德育、音乐一体的集会，具有相当的感染力。

1. 西点军事博物馆——学员的教育基地

创建于 1854 年的西点军事博物馆设立在校园外的西点镇上，是一个充分展示西点历史和文化的地方。

尽管博物馆的建筑不大，却号称是西半球藏品最丰富的军事博物馆。地下一层是轻武器馆，展示从古代到现代的轻武器，其中包括欧洲古代和中世纪那些奇奇怪怪的兵器，每一件都有详细的说明，告诉你这些兵器是什么年代由什么国

位于军校入口处的“西点军事博物馆”

家铸造。

地下二层是重武器馆，展品有一些坦克和火炮，但给人印象最深刻的是美军1945年用原子弹轰炸日本的实弹模型。

作为军事史教学基地，博物馆平时公开的陈列仅为馆藏品的1/10。在文物展部分，有美国陆军从第二次世界大战、越南战争等各战场得来的战利品，如德军、日军的装备和军服等。其中还有日军向盟军投降的协议书，以及投降时交出的日本天皇授予的皇家指挥刀。甚至还展有100多年前中国义和团穿戴过的服装和他们使用过的大刀和长矛等

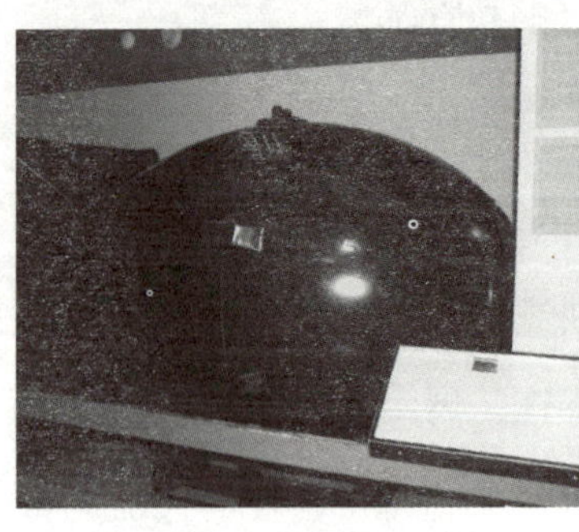

美军1945年轰炸日本广岛的原子弹模型

冷兵器时代各国制造的武器

武器。

藏馆里鲜活的物品的摆设，能让来访者在很短的时间内了解人类战争的演变过程，从旷野上的厮杀、围城、印第安战争、独立战争，直到近代的“一战”“二战”等。武器展示则从冷兵器时代的刀、剑到现代的枪、火炮、战车、军舰，直至核武器模型，从而对美国军事史甚至人类战争史等，既有直观的了解，又有理性的认识。

2．西点校友会——毕业生的精神归宿

每年的 6 月，世界各地都有成千的西点毕业生赶回母校参加一个盛大的集会，这就是西点校友会。1973 年，97% 的西点毕业生赶来参加，大约 23000 名西点毕业生聚在一起，场面极其宏大。

校友会创始于 1869 年，当时在塞耶的领导下成立了西点校友协会。主要任务是利用校友协会的巨大影响，传播与西点军校有关的社会活动、历史发展、教学任务和方法等信息；接收并保护与西点军校有关的历史文物；鼓励有前途的年轻人学习军事，掌握军事技能等。

1958 年，西点校友协会设立了塞耶奖，用以颁发给那些执行“责任、荣誉、国家”的功臣，该奖是西点军校校友追求的最高荣誉。

随着发展，校友会协会出版发行了西点军校校友杂志《集合号》和特别年鉴《西点军校毕业生校友人名录》。特别年鉴

博物馆前的第二次世界大战中使用的坦克

博物馆内珍藏的中国清朝时期义和团服装和武器

每年都会出一次修订本，其中收录了自建校以来得到西点军校认可的每个学员的姓名，也收录了进过西点军校但没有毕业者的名字。

集会的这一天，每一个校友的制服上都要挂上各种臂章和徽章，帽子换成了洁白的高尔夫球帽，上面精心绣着金底黑字的某某年级字样，制服的每一边翻领上都有一面很小却耀眼的美国国旗，列队进入检阅场，而所有西点现役学员则组成庞大的队列，分别从 3 个“出击口”入场，向前辈们敬礼。

在 200 多年的历史中，西点给西点人留下了独到的校规，并成为西点独特的传统。

许多西点名人自觉与西点校规制度站在一起，把任何对西点制度乃至陆军制度的攻击都看成是对他们本人的攻击。他们一再声称，“所有西点军校毕业生都承认，塞耶母校激励着他们，让他们在自己的命运和我们安全的道路上站稳了脚跟。”并认为：“西点成员的举止言谈谦虚，品格高尚，勇于负责，富有无私无畏的爱国主义精神，这是他们对我们社会的最大贡献。”

一、新生的特殊礼遇

任何一名被西点军校录取的学生，从进入校门的那一刻起，就开始“享受”学校对新学员非同寻常的待遇。

1. 入学“第一课”

西点军校在每年迎接新同学报到的时候，有着一套严密规范的流程，即“新生入学仪式”，目标是“破旧立新，统一标准”。

仪式通常历时12个小时，从早6点到晚18点。上午，新生办理包括校长致欢迎辞、上交平民行李、换服装等18道手续，下午进行集训，晚上则宣誓后回营地，仪式结束。

一天下来，所有来自四面八方的年轻人在西点军校有了一个共同的名字——新生，然而这个和所有大学一样的称谓却给西点的新生留下刻骨铭心的记忆。

艾森豪威尔礼堂是西点军校迎接新同学的第一站。

在每年新生报到之日，礼堂的大厅里都会有一些来自西点小镇的平民志愿者，他们热情地向学生家长发放西点军校的宣传材料。内容从西点地图到各种专业课程的介绍，包括学校礼拜堂的地点和开放时间等都应有尽有。

礼堂二层设置有许多特制的纪念品，如印着前一届所有新生名字的T恤、挎包和帽子，印有西点军校校徽图案的胸针等。新生家长在观光浏览时也大多会情不自禁地选购一些，回去后送给身边的亲朋好友。

开学的日子里，艾森豪威尔礼堂里别有用心的布置，加之四周墙壁上张挂着历届毕业生制作的精美班徽，会让这些前来报到的同学和送行的家长对西点充满崇敬和自豪。

西点“致新生欢迎词”仪式是在礼堂举行，新同学和家长一起参加，新生坐在礼堂前半部，来送行的父母亲朋坐在礼堂后半部。欢迎词的内容大致是：欢迎你们加入美国陆军，并荣幸成为西点军校××届××名新生的一员。西点军校自1802年就是培养、训练和激发有品格的领导者的圣地。在这里，你们将获得一份无可比拟的经历……

致辞结束后，同学和家人朋友在此告别，从此开始西点的生活。

西点的学员在大学一年级时，只有在圣诞节和感恩节才能外出探亲，成绩特别优异者（如体育测试得A+者）可以赢得最多两张的“外出通行证”；二年级，一般学员每学期有两张“外出通行证”，成绩特别优异者可以赢得额外的“外出通行证”；三年级，一般每位学员每学期有四张“外出通行证”；只有到了四年级，学员才可以自由外出。这期间，他们对外的通信也是受到严格限制的，包括给家人打电话的时间和次数都有明文规定。

西点这些严厉的校规，使很多新生在与家长朋友告别的那一瞬，忍不住泪洒礼堂。可以说，艾森豪威尔礼堂既是这些新生入学的起始点，也是他们与亲朋好友话别的伤心地。

2. 一切“从头开始”

新同学与亲朋好友告别之后，立即被要求排着队领取西点新生训练服，包括T恤、短裤、长袜和皮鞋。他们被要求在15分钟内换上训练服并收拾好所有随身物品，准备进入下一个地方——理发店。

男性新同学入学时，必须办理“理发”手续。每年的开

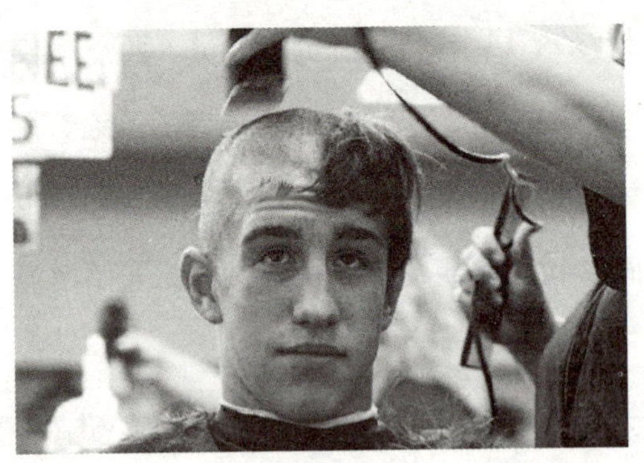
正在理发的新生

学之日，学校的理发厅里会摆放多排理发椅，每排有十几张左右。技艺娴熟的理发师平均每3分钟就能剃一个头，他们手拿推子“挥发如土”，地板上到处是柔软的头发。当然，这样的待遇只有西点正式的军校生才能受用，别人是无权感受的。

新同学从理发店走出来后，面貌一新，完成了“剥离”，准备好“从零开始”。

3. 标准回答

西点军校有一个久远的传统，就是新生遇到军官问话时，只能有四种回答：

“报告长官，是”；

“报告长官，不是”；

“报告长官，没有任何借口”；

“报告长官，我不知道”；

除此之外，不能多一个字。

例如，军官问你：“你的皮鞋这样算擦亮了吗？”你可能希望为自己辩解，脑海里浮现“报告长官，站队的时候，有位同学不小心踹了一下。”但是你此时只能有四种回答，别无选择。这种情况下你也许只能说：“报告长官，不是。”如果军官再问为什么，唯一的合适回答只有：“报告长官，没有任何借口。”

看似这个制度不太公平，甚至难以理解，但它却有效地对锻炼和提高了学员的忍耐力、斗志精神、协作性及执行能力。

4. 报“日程表”

针对新生，西点制定出一套繁长细致的“新生知识”，强化训练学员的服从和责任意识。

“知识”里要求新生除了记住会议厅有几盏灯，水库有多少蓄水量外，还要轮流报日程。

新生轮流站在走廊的时钟下面，大声清楚地报时：“距离晚餐集合还有 5 分钟，穿上课制服，我再重复一遍，距离晚餐集合还有 5 分钟……”

报日程的时候不能有任何错误，否则会招致处罚。听到处罚的命令，新生必须背诵当天的相关信息：包括日期、值日官名字、重要的运动或电影，一直到距离未来的重大的活动还有多少天的报告，距离应届毕业典礼还有多少天……

二、记录簿上的“点子”

西点前校长潘莫将军说过：“最聪明的人设计出来的最伟大计划，执行的时候也必须从小处着手，整个计划的成败就

■ 1965 年 3 月，美军大规模进入越南，从此陷入越南战争的泥潭。图为 1966 年某天拂晓，美军经过一整夜战斗后，从自己的“狐穴”里爬出来，准备撤退。

取决于这些细节。”

2002 届西点毕业生刘洁

西点就是实施“点子制度”对学员进行日常的纪律约束和处罚。学员凡有任何小过错和失误，一律作为“点子”由长官们（在军事事务或战术教官的管理协调下）记录下来。从上课或集合迟到、没有按命令正确着装，军容风纪不整，没有对上级军官及时敬礼报告，举止不端，到房间不整洁等，都会被记“点子”。记录“点子”的多少一般视过错和失误的大小决定。

当学员的点子积累到一定数量时，就要受到种种处罚。处罚方式有面壁罚站几个钟头；做若干次俯卧撑。在规定的时间里一次做不够数的，则必须重来，直到一次做完为止；有穿着军衣淋雨或挨冻的；有在校园内长跑的；还有罚做服务工作的。

2002 届西点状元花——华裔女学员刘洁，在读书期间就被点子制度处罚过，留下“一块饼干等于十个俯卧撑”的故事。

在一次训练期间，刘洁的好朋友寄来一盒饼干，想要慰劳一下艰苦的军士。不幸的是教官发现了饼干盒，当场下令严惩刘洁：一块饼干做十个俯卧撑。刘洁累惨了，上百个俯卧撑一口气儿做下来，让她几乎“瘫痪”。幸亏之前饼干已被吃掉了半盒，不然后果不堪设想。

这些经历让刘洁逐渐感觉到：所有严酷的纪律和许多看似不合理的规定，实际上都是要训练军人的一种服从能力。因为对于军人来说，服从是一种必须。

在2006年5月27日的毕业典礼上，刘洁荣获小布什总统亲自颁发的西点年度状元奖。之后，她说："在西点军校，你不仅要对自己的行为负责，同样要对别人负责。这是一种挑战，也是一种成长的经历。"

"点子"成为西点学员关注细节深浅的印记。在西点，几乎每个军校生都积累着数量不等的"点子"，处理结果有三种：要么你忍受惩罚；要么你立功受奖消除"点子"；当然，最幸运的是你能被到访的国家元首级贵宾"赦免"所有现存的"点子"。

在西点，可能会看到这样的现象：既有因记"点子"被罚的军校生，全副武装，表情严肃，一丝不苟地来回走步，规规矩矩，自己计时吆喝报告的独特景象；又能看到，因为元首级贵宾那句"我赦免你们所有的过错"而引起的数千名军校生欢声雷动的欣喜场景。

"点子制度"让西点学员铭记"细节决定成败"。英特尔总部副总裁兼中国公司总裁简奋杰先生在一次会议中说："在军校服役的过程，身处具有明确目标和严格纪律的环境之中，这对后来我所从事的工作都非常有意义，那段时间是一个很好的训练，同时又是一个很好的机会了解如何领导一个组织。

直到现在在英特尔，我还是按照严格的纪律和明确的目标办事，因此说我从西点军校获益匪浅。”

三、无情的淘汰率

1843 年，美国国会就以法律的形式明确规定了西点军校的淘汰制，并一起延续至今。

要想真正成为一名西点生，一名西点毕业生，除了要通过严格的招生程序外，还要接受西点军校里学习、训练、生活等方方面面的严峻考验与挑战，稍有不慎，就可能被淘汰出局。

西点军校的招生范围很广：凡具有高中毕业水平的 17~21 岁的美国未婚青年，不论种族、肤色、宗教信仰和性别，均可报考西点，但所有报考的青年必须要有美国陆军部或自己所在选区的国会议员的推荐，否则西点军校不予接受。

参考的学生首先要通过美国大学考试大纲的入学水平考试、体检和体育测验，之后再参加西点规定的文化水平和身体素质测试。在所有考项都通过后，才能成为一名西点的新生。

据统计，每年申请报名西点的人约 1.2 万人，经过提名能参加入学考试的仅占一半，经过考试，实际录取者约是申请报名的 1/10。

根据学校管理规定，西点新学员自入校之日起，要进行严格的试检与筛选，实行优化与淘汰制。除身体和成绩的因素被退学外，西点严厉的制度也使一些学员梦断西点。

西点校徽

第一学年新生淘汰率为23%，最终能学完四年学业的学员仅为70%。到了第三学年，学生还将受到极富挑战性的历险训练，比如，到巴拿马进行热带丛林作战训练；到阿拉斯加北部进行野外滑雪作战训练；到科罗拉多进行驾驶直升机和野外生存训练。如果你经不起残酷的考验，那么你就会被淘汰回家。据说巴顿将军当年在上完最后一节课后，如释重负地在笔记本上写道："谢天谢地，作为士官生的最后一节课终于结束了。"

因为可能被淘汰，西点要求学员在报考前必须作好充分的思想准备和相应的保证，其父母也应充分保证做好工作，不留后患。

西点残酷无情的竞争机制和毫不留情的淘汰制度，让学员更加珍惜求学的艰辛与不易，更加骄傲自己是西点人，这一点在西点每年的毕业典礼上可以窥见。

西点的毕业典礼相当隆重。在隆隆的礼炮声中，校长把一枚枚西点军校的校徽授予毕业生们。校徽上镌刻着一只目光炯炯的山鹰，一顶闪闪发亮的钢盔，一柄寒光逼人的短剑。还有一行醒目的大字——"责任、荣誉、国家"。同

时，获取年度状元的毕业生享受总统亲手为他们颁发奖章的殊荣。

这一刻，激动的学员们以传统的抛帽方式庆祝自己学业的完成，庆祝自己从此走上了辉煌的军旅生涯。

西点毕业生，马丁·玛丽埃塔公司的威廉·奎因的一席话说出了西点人的共识。他说："如果一定要逼我说出在我身上发生的最伟大的事的话，那就是得到了那张毕业文凭。这个地方笼罩着一种神秘莫测的气氛，使你永远也不会忘记，永远也不能把它排除出你的体系。你永远感到骄傲和自豪。你十分清楚自己属于伟大人民的一个令人难以置信的传统——格兰特、艾森豪威尔、巴顿、布莱德雷。在整个历史长河中，他们是多么的漫长悠久。"

毕业典礼

毕业仪式上西点军校仪仗队在行进

四、多元的教育机制

有人说，西点不仅教会了学员怎么拿枪，也教会了学员如何弹钢琴。

的确如此，西点不仅是将军的发祥地，也是培养企业家的摇篮，从西点走出的高级管理人才在世界500强企业中的任职人数比任何一所商学院都多。追溯缘由，西点多元化的教育理念与配套的教学体系是培养优秀人才的制胜法宝之一。

1. 独特的课程设置

作为美国唯一一所专为美国陆军输送男女青年军官的院校，西点十分重视军事训练。规定学员第一年严格进行军事基础训练，第二年学习野外生存和战斗训练，第三年突出军事专业训练，第四年训练晋升军官所必备的才干。

期间，学校经常组织高年级学员到联合国总部、国务院、五角大楼等地访问。目的是使每个学员都具备一名职业军人所需的性格、领导才能、智力基础等，同时也为优秀人才提供广阔的晋升和自我发展的空间。

同其他军校相比，西点军校不仅有规范的四年学制，而且非常强调军事训练以外的普通大学式的文化教育，尤其注重对学员们学习能力的培养。鼓励学员在各个领域发挥他们的才能，如生物学、历史学、物理学、文学等，而且还鼓励学员参加各类文体活动，如垒球、跳伞等。

西点规定每名学员必须修完26门核心课程，非工程专业学生还必须完成一门信息技术和三门工程核心课程，完成核心课程后，学员可选择一个专业继续探索。在目前的45个专业中，最热门的是外语、信息系统管理、历史、经济和机械工程专业。通常，美国高等学校要求学员修满120~128个学分即可，而西点要求学员必须修满152~158个学分。

在西点，学员的培养计划方案，与每个时期的军事战略方向都如出一辙。教学课程的设置与发展，充分反映出了美国在发展、扩张的各个时期培育新的军事骨干的指导思想，尤其是适应未来可能发生的战争需求。

自美国独立战争到南北战争，西点侧重的是土木工程专业，旨在培养大批的国家建设专业工程师。进入20世纪以来，美国为夺取新市场和在世界范围内扩张，陆军创办研究型的指挥与参谋学校，而西点为适应这一新需要，增加了文科的比重，如开设外语、历史与社会科学等内容。

第二次世界大战后，学校重新审定与修改课程，力图适应新需要主张改变西点教学重理轻文的传统，倡导要学习外语，尤其是俄语，加强俄国史、美国外交史和国际经济学等课程，还强调要增加军事领导学等学科。

教育在西点不仅仅意味着学术培养，同时强调军队素养培训、体能提高和意识形态培养。因此，一名学员的年级排名和毕业去向，不仅仅由学术成绩决定（占55%,），还有军

事领导力（占 30%）和身体素质（占 15%）。

2. 自主选择式课堂

西点的课堂是十分开放的，教授们不需要整堂课的滔滔不绝，主宰课堂的是那里的每一名成员。

如果你对任何一名教授所讲的内容有疑义并希望进行更加深入的探讨，那么你可以在课堂上随时提出质疑，甚至可以利用课外时间进行一对一的对话。同时，学员们还可自愿组成 12~18 人的学习小组，每名学员都可充分参与到课堂的讨论活动之中，并得到老师们的关注。

学校的授课老师在其专业领域都是具有实践经验的，而且通常任期不长，所以随时有前线的“新鲜血液”输入，为学员们传授最新的前线技术和信息。讲军事历史的老师大多数亲历过大量的实际军事行动；讲国际关系的老师不少来自外交领域；讲作文的老师也是曾派驻过全球各地，担任过机关工作的军官。“9 · 11”事件后，西点成立了以授课、研究、指导为核心任务的“与恐怖主义作战中心”，并开设了“恐怖主义与反恐”“国土安全防御”“对抗基地组织——谜团、政策与实践”和“反暴动研究”4 门课程。为了解反恐特点，西点甚至还特别派了 4 位教官到阿富汗作实战考察，使教学更有针对性。此外，该中心还为西点学员提供与国家政策制定者和情报官员见面的机会，并帮助学生参与在美国国家反恐中心、国务院等机要部门的实习。

西点的老师让学生明白，军官同样可以成为博学多才的知识分子。巴顿将军在北非与德国名将隆美尔交战时，远远地看见对方带领部队朝美军进攻时，第一句话并不是说“隆美尔，我要把你宰了。”而是兴奋地说：“隆美尔，你这只老狐狸，我读过你的书。”

为扩大学员的知识范围，学校要求每名学员选修一些其他课程。有些精力充沛善于学习的学生，可经教务长批准，给予更多的选修资格。但所有学员必须修满学分才可毕业。为方便学员有针对性地选课，学校也会印发选课指南，并有教员进行辅导讲解。

西点对学员第三个学年的培养教育，主要侧重于体育教育、领导管理学教育和陆军系统管理教育等三个方面，其目的是缩短军事院校与实际作战部队之间的差距，使学员在毕业后能够迅速适应部队的军事环境。因此，临近第三个学年的夏季训练，学员们可以有充足的时间和空间去自愿选择受训的专业和地区，少数人选择到国外进行专业实习调研，大多数人则是选择一次充满传奇色彩的冒险旅程。有的学员结合自己所修的外语特长，追溯异国历史，探访风土人情，进行一次旅游式的跨国考察。有的学员选择到阿拉斯加进行寒区野战滑雪训练，也有的学员选择到巴拿马进行热带雨林训练。还有的学员选择参加 101 师的空降训练和一些野外求生训练。总之，选择多样的调研学习机会，为每一名西点军校

学员提供了更加丰富多彩的训练内容，为后期在校的军事教育打下了良好的基础。

3. 实施“年级管理”模式

为培养学员的领导能力、担当意识，西点采取年级管理年级的模式锻炼学员去胜任不同岗位。

新学员处在最底层，他们处在被领导的位置，首先锻炼他们如何服从上级的命令。但即使在底层，他们也必须要有争夺第一的勇气和决心，否则后面的晋升将会受到限制。

二年级学员被赋予第一次担当管理者角色。他们直接对新学员的表现负责，管理新学员，同时也被上级管理。他们要学习在互相信赖的基础上发展与下属的关系。

三年级学员充当新学员队伍的军士角色，间接管理新学员。他们要听取二年级学员的汇报，每个三年级学员负责由 2~3 名二年级学员和 4~6 名新学员组成的班。这种管理必须通过二年级学员来实现，三年级学员必须学会以身作则激励下属。

四年级学员是要掌管全局的。每逢开学前的夏季，四年级学员都会负责新学员和三年级学员为期 6 周的训练。到了 8 月，他们会在学员等级体系中担任军官的角色。

一位教官曾说：“这种年级管理方式，给年轻的军校学员们压力和动力，能够激发出他们更多的潜能。”

美国政坛的风云人物亚历山大·黑格将军从西点毕业后选择了从政的道路，谈起他成功的要素，概括起来就是：明确目标，努力激发斗志，勤勤恳恳工作。

4．举办国际学员班

西点招收国际学员已有100多年的历史了。培训分为三类：第一类是来自33个国家的53名学员，将学满47个月完成本科学业；第二类是来自5个国家的学员，他们将参加4个学期的学习；最后一类是来自多个国家参加暑期训练的学员。

国际学员的存在对西点有着非常深远的意义，对美国学员的教育和军事培养也很重要。现任校长大卫·亨通认为："和国际学员一起上课，一起运动，课内外共同讨论，在未来会有深厚的回报。在未来的某一危机时刻，在西点结下的情谊将会起到非常关键的作用。在此过程中培养的信任与信心，对不同声音和观点的关注对我们所有人都有益：它能在艰难时刻、复杂问题情况下，在危机迫近时带来理解与沟通。"

除此之外，西点的学员排名透明且有固定标准。按照学习成绩、军事训练成绩、体育能力、遵守纪律、服从命令和完成任务的记录及上司和教官的评语来进行。每隔一段时间，排名榜就会公布。很多叱咤风云的名将，当年在西点学习时都是某一项乃至综合排名的佼佼者。

对优秀的学员进行奖励。每学期按3%~5%的比例评定优等生，只要成为优等生，便可享受奖学金待遇，还可在衣领上加星作为标志，毕业时还可以在学校刻石留念。优等生在任职头5年的任何时候，可离职两年攻读硕士学位，费用全部由军方支付。

■ 1991 年的海湾战争是冷战结束之战，美军一扫越南战争失败的阴影，终于“扬眉吐气”。图为 1990 年 8 月，来自布拉格堡的 1000 多名美国海军陆战队队员准备出征。

西点军校前校长帕尔默认为，西点的人文环境，以及西点强有力的领导力培训体系，可以把一个普通人，通过情境的安排和设计，培养、培育成为伟大的领导者。西点设置的特训课程似乎可以验证这一点。

西点认为：在战场上，决定性的动力是相信自己是赢家的力量。在特训课上，他们喊出了“合理的要求是训练，不合理的要求是磨炼”的口号。学员只有保持警觉的头脑、灵敏的反应、坚韧的毅力，才能坚持下来。

这些各具特色的训练课程，不仅锻炼培养了学员军事、体能、智力、道德、品格、和精神等方面素质，同时也成为西点不竭发展的“芯”动力。

一、野兽营

西点军校后山的杰克山谷村里，有一片茂密的丛林和预设的各种训练设施。在这里，学员身着伪装训练服与战斗靴，

野兽营训练

住在帐篷里，进行为期 8 周充满野战气氛的野营训练。由于条件的艰苦、训练制度残酷而又严厉，被学员俗称为“野兽营”。

1．魔鬼式训练

每年 7 月，西点新生进校的第一周就开始进行单兵作战技巧训练，也就是学员们常说的“最折磨人、最难熬的”的野兽营训练。

训练内容主要有匍匐前进、翻越障碍、射击、自救、探路、班战斗训练等。与陆军基本训练相比，内容有相似之处，但紧张程度、训练强度、惩罚力度均要大很多。

训练结束时间是在 8 月底，届时要举行一次学员着全套制服的入队仪式。仪式中，考核合格的新生被编入学员队，开始西点正式学员生涯，同时与他们一起入学的约有 15% 的新生被淘汰，退出西点。

在“野兽营”里，学员不仅要在体力上接受不断的考验和锤炼，精神上也要经受种种“折磨”和“欺凌”。在无穷无尽的操练、拉练、射击训练之余，学员的伙食和睡眠只能保证基本需要，当然更没有所谓的社交和娱乐活动，人身自由

和隐私更是几乎为零。训练中，教官明确告诉学员“要做到两个月之内不是人”。

野兽营训练

一位西点毕业生评价说：“‘野兽营’的挑战是全方位的。你不得不接受身体方面的训练，但真正的战斗却是在你头脑中进行的。压力几乎全是精神方面的。”

“野兽营”里，时常有高年级学员捉弄新学员现象。他们对新学员进行身体上的惩罚、精神上的摧残和人格上的侮辱，以致很多人在心灵和肉体上留下了严重的创伤。

即便如此，西点也从来不怀疑“野兽营”的价值，并成为西点进行严格训练的传统。在来自各方面的、不断发生的批评之中，西点坚信“野兽营”对造就学员意志品质和体能有着极为重要的作用，但同时也认识到“野兽营”确有一些过火行为，并逐步加以改正。

进入 20 世纪 70 年代，西点宣布“野兽营”为人道的“野兽营”，但仍然没有去掉“野兽”字样。也仅是在 1901 年国会立法以后，直截了当、毫不掩饰的肉体虐待在军校里是被禁止了，但禁止令无法阻止那些负责检验新生本领和能力的高

年级学员从各方面去折磨新生。

西点军校一代代传下来的对低年级学员的折磨，花样百出。高年级学员向新生提出种种苛刻任务和要求，把他们折磨得身心憔悴、疲惫不堪。如蹲在一支立起的刺刀上；长时间伸直臂膀举枪；头朝下倒立在盛满水的澡盆里；大热天裹上毛毯、雨衣捂汗；冷天裸身跑步等。有些学员因此精神上受到沉重打击，有些学员则“百炼成钢”，获得新生。这一切使每个新生懂得，不管他们以前的身份和地位如何，现在都毫无例外地一律平等，都是来这里被训练成“野兽”的。新生们必须“挺住”“熬过来”，证明自己是合格的。

外界评价说：西点的“野兽营”训练，不惜用非人的手段“把自以为是的个人主义者们完全击垮,然后再拾起碎片来，重新塑造成合格的军人”“学员们经过这些从身体到灵魂的改造后，将会如同铜铸一般坚不可摧！”

野兽营训练

一位 1962 届学员的心声

西点军校是培养辛辛苦苦、忙忙碌碌的学员，军校对他们进行的就是这种训练。但是，在辛辛苦苦的过程中，他们是发挥了作用,并圆满地完成了任务,做好了工作。许多没有经过“野兽营”训练的人也同样辛辛苦苦地工作……然而，他们完成任务却不如经过“野兽营”训练的人好……在 20 世纪 70 年代以前，新学员常常要经受一系列古怪无聊的训练，其中就有根据学员头头的命令快速更换制服。而正是这种快速更换制服的做法突然使我心情平静下来。因为我意识到我是在学习新事物，练习我不会做的事情。这时，对我来说，“野兽营”开始变得好过一点儿了。我确实不能在 30 秒内更换衣服，为了达标，我在那儿拼命地练，我确实是这么干的。在外界的强大压力下，我开始动起脑子来。有时我也想，既然无论如何我也做不到，为什么还要把自己往死里逼？但咬咬牙，又鼓起了勇气。我想每个人都要经历这种过程的。军规定的标准是有道理的……我在“野兽营”学到的东西对我后来在战场上的价值是无法估量的……起初，他们不间断地催着你干，逼着你干，以致你都无法开动脑筋，但经过一段时间之后，你的大脑便能够开始正常工作了。

一位女学员的回忆日记

“野兽营”就像上千张纸牌制成的甲板。我们这些新生被捉弄，传来传去，幸运的则落个地方。在8周的夏训中，我们这批新生被吞食，又被吐出来。我们个人身份被剥夺，只能以完全的形式来显示像机器人那样的动作和表现，编配在群体之中。穿戴一个模样的服装，迈同一步伐，敬礼与答话都一个调子。“Yes, Sir. No, Sir. No excuse, Sir. I do not understand……”我们有泪也只能倾洒在书信中，只能流在床头。我们被迫去做、去说许许多多啼笑皆非的事情。

我们的上司常捉弄我们。一天的日子就这么紧张地度过。每天早晨5点钟，起床15分钟，军号划破军营上空，先是45分钟的健美体操，接着是2～5英里着装跑步，再经盥洗与冲澡，就是开饭时间。整个夏天充满着各种训练，阅兵式操练、武器射击训练、跑步和集体体育比赛。高班生称此项目为“Mass Ass”,每晚观看充满战争故事的影片或军乐演奏会。星期六要到艾森豪威尔大楼就餐。

2.“野兽营”里用餐

学员用餐时必须端正坐好，椅子只能坐一半，背部挺直，双脚平放地面，两眼注视餐盘前部，不得东张西望。每次只能吃一小口，而在食物入口之后，必须先把叉子放回餐盘，双手放在腿上，然后才能开始咀嚼。

用餐时由各班长担任餐桌指挥官，监督新生的用餐纪律。餐桌指挥官常常会向新生提出问题，而新生必须一字不漏地背出标准答案。例如，餐桌指挥官问到：“母牛怎么样？”（即还剩多少鲜奶）新生必须回答：“报告长官，母牛会走会说话，一肚子白水。从母牛身上取得的乳汁非常充沛，达到第 X 级（第 X 级指的是桌上还剩多少盒鲜奶）。”

即便如此，在美国，许多公司的人力资源部流行组织员工参加类似西点“野兽营”式的训练，如开展“拓展训练”“走向运动”“野战军事训练营”等。目的是培养员工挑战极限的勇气、克服困难的毅力、不屈不挠的斗志、善于合作的团队精神、服从大局的责任感和使命感、面对不确定因素的心理承受能力和应变能力。

许多富豪也愿意自费来此“训练”。他们不是为了成为军官，而是为了改造纨绔习气，养成吃苦耐劳的习惯。为满足这一要求，西点专门开设一个“训练营”，为期 6 个月，收费 5 万美元。被称为金融大鳄的索罗斯，年轻时就曾经花了 10 万美元参加这个训练营。

3．将军的遭遇

“野兽营”里的训练残酷而平等，无论是谁来这里都是被训练成“野兽”的。刚入西点时的麦克阿瑟、艾森豪威尔、布莱德雷等将帅都曾遭遇过这种严酷的“磨炼”。

麦克阿瑟刚进“野兽营”训练时，高年级学员并不因为当时美国各报争相宣传其父在菲律宾战场上的赫赫战功而对他另眼相看，在训练快要结束的时候，强迫他做下蹲、单杠、俯卧撑等动作，一做就是一小时，并宣称让他为驰骋于菲律

宾战场的将军父亲争光。

待麦克阿瑟摇摇晃晃走进自己的帐篷时，已经体力不支，一下子瘫倒在地上。同住的另一位新学员弗德里克·坎宁安认为他得了严重的痉挛，因为他四肢抖得厉害。麦克阿瑟让坎宁安在他身下垫一条毯子，以免别人听见他双脚敲打地面的声音。

第二天早晨，他感到浑身无力，坎宁安让他去请病假，他却仍然坚持去操练。此举受到高年级学员的称赞，但坎宁安无法忍受这种“折磨”而愤然退学，并在《纽约太阳报》上匿名发表文章谴责此事。

当时的美国总统麦金利下令国会组织专门调查委员会进驻西点调查此事。麦克阿瑟采取了一种很有气量、轻描淡写的态度，回答调查人员说：“像所有类似的事情一样，开始只不过是一件小事，渐渐地小题大做，越吹越大了。我所受的侮辱并不严重，也不能说他们是有预谋地来伤害我。我根本没有因为受了伤害而身体不适。”他坚决否认曾发生过痉挛之类的事。对侮辱他的老学员究竟是谁，他也保持沉默。

从此，麦克阿瑟开始引人注目，高年级学员再也没有刁难他。

当过美国总统的艾森豪威尔刚进“野兽营”很不习惯，最难以忍受的是高年级学员随意发出的指令。在炎热的阳光下，口令声声："挺胸！收腹！再挺一些！再挺一些！头抬高！下巴往里收！动作快！"动作快得简直令人无法忍受，但又必须忍受。不过艾森豪威尔目标远大，坚信西点在培养"真正军人的品质"，在培养"伟大的格兰特"，是把学员塑造、锤炼成基督绅士和优秀军官。经过思想上的认同和准备后，艾森豪威尔坚持进入第二个月的训练，也不再感到过分吃力了。

被称为"思想机器"的五星上将布莱德雷曾经回顾初入西点时训练的情况。他认为训练是残酷无情的，甚至可以称得上是对人的一种折磨。教官和高年级学员粗暴生硬的训练方法和口令，不容任何一个人反应迟钝，要求每个人都做得百分百准确。无论你是出色的运动员还是考试尖子，不管你是娇生惯养的宠儿，还是恃强凌弱的恶棍，都得规规矩矩，服服帖帖。稍有闪失，就会招致一顿臭骂。学员在此必须告别原来的生活，甚至也告别了原来的名字。布莱德雷对"野兽营"的训练有着自己的看法，但他保留意见，并没有叫苦连天，而且还努力去适应它。后来，布莱德雷称这种训练为"具有积极作用"。

新生体能训练

二、从米基运动场开始

每年有大量来自全世界的考生报考西点军校，但其中只有几千名幸运儿能够得到提名推荐。经西点选拔之后，他们会在

米基运动场

接待日准时到达西点的米基运动场，进行正式的入学报名。

米基运动场是西点军校第一座现代化的体育场，以西点的体育运动先锋彼德·史密斯·米基的名字命名。

米基生于英国苏格兰布雷奇林，1843 年秋随父母来到美国。先上公立学校读书，后升入伍德沃德高中，毕业时获金质奖章，接着到奈尔斯机器厂学徒。

学徒期间，米基听到了有关西点军校的消息，这使他很感兴趣。正好本选区有一空额，他便请朋友写了一些推荐信，闯到选区国会议员乔治·H. 彭德尔顿家中。结果他去得太早，议员还未起床，被仆人赶到门外。

年轻的小米基毫不气馁，一直在门外等候，直到议员出来。他诚恳地向议员提出请求，最终彭德尔顿同意推荐他入西点

军校。米基为此高兴万分，放弃了机器厂给他晋级增薪的机会，高兴地步入西点。

彼得·史密斯·米基像

毕业时，米基因其出类拔萃的能力被授予中尉。毕业后的第 18 天，他便在昆西·A.吉尔摩少将麾下担负起了建筑炮台和炮兵阵地的重任。战争结束后，米基在里士满度过了一些时光。他对南部邦联军所发起的战役及其阵地防御和永久性军事工程进行了详细考察和研究。这些研究对他后来在西点军校工作起了很大作用。

1867 年 4 月，米基调回西点军校任职，成为西点三巨头之一阿尔弗雷德·马汉的主要助手。28 岁的米基将全部精力投入到西点军校的教学工作。他很容易地承担起了讲授实用军事工程学的任务。在这方面，由于自身的实战经验，他的授课质量大大优于别人。同时他还讲授信号学，并担任化学、矿物学、地质学副教授。

19 世纪 70 年代初，米基凭着“工兵加数学家”的头脑，荣登西点教授职务，其教育才能再次大放异彩。在整个任教期间，总是生气勃勃，满面笑容，授课风格幽默风趣，给许多学员留下了深刻的印象，其中包括麦克阿瑟。

任教期间，米基深感体育运动对于学员的重要意义，遂利用自己在校务委员会中的重要地位，大声疾呼开展各种体育运动的必要性。尤其当时西点内部对于学员参加橄榄球比赛褒贬不一，有人甚至认为这是“游手好闲”的表现，“有损于军官们和美国的尊严”。但是，在米基父子的一再坚持下，西点开始成立橄榄球队，之后加入了高校间联赛计划，体育运动在西点扎下了根。在他的影响下，各种各样的运动组织如雨后春笋般成立起来。

米基本人就这样一直待在西点，从事自己喜爱的教学职业，把自己最好的年华都献给了西点。而今，米基运动场不仅是学校进行各类比赛的活动场所，也是学员日常进行操练的地方。他们在这里留下奔跑的足迹、呐喊的声音、训练的汗水。他们说：“米基运动场发展了西点的体育运动；体育运动也促进了西点的成长”。

三、巴克纳尔训练营

在西点校区旁的波波洛本湖畔，有一个常设的训练营地，即巴克纳尔训练营。营地的训练设施十分简单，西点二年级学员们在这里接受为期两个月的密集战地训练，以充分体验领导者在团结合作中发挥的重要性。

西点开设巴克纳尔特训课，其实是受德军训练的启迪。第二次世界大战期间，德军秘密展开了一项高强度的封闭式精英特训，使得纳粹德国在凡尔赛条约和经济制裁的双重影响下，迅速拥有了一只精英部队和大批忠心耿耿的将帅领导人才。

巴克纳尔训练营训练

战后，美军将这种训练模式引入军官培养之中，每年暑期西点精选 17% 的学员，来到湖畔秘密集结训练，后来这就成了闻名世界的西点“巴克纳尔训练营”。几十年来，从这里走出了 400 多名政坛领袖，1500 多名优秀军事将领。

营地的训练对象主要是二年级学员。他们要参加为期 8 周的野外步兵巡逻、兵器训练、炮兵射击、军事工程与通信作业，以及格斗、爬山和野外求生训练。其间，有 1 周到其他训练营地进行专业兵种训练。

第 1 周野外训练由学员连队组织实施。先是翻山越岭，昼夜不停按方位角识图用图作业，模拟战斗巡逻；进行轻武器训练，主要是“劳”“陶”反坦克导弹射击训练和有关坦克与苏式 AK—47 步枪等兵器教育。

第 2 周训练主要有 2.5 英里和 8 英里跑步，地雷常识与投手榴弹训练，以及现代条件下的防原子、防生物与防化训练。

第 3 周野外训练包括通信作业与 105 毫米榴弹炮训练，这是现代作战必不可少的。同时还到肯塔基州诺克斯堡进行坦克、侦察与防空训练。

第 4 周及以后，学员更多的时间花在野外进行高难度训练。诸如历时 3 昼夜的步兵侦察训练和登山与野外生存训练。男女学员均需参加。

尽管学员们在一年级时完成过野兽营中的训练，他们在身体和心理上都有很强的承受力，但是到了巴克纳尔训练营，都会发现克服困难的努力和勇气还是那么有限。

巴克纳尔的训练从一开始就是对领导力的挑战，让同学们去体会团队合作的障碍，从而共同找出应对之道。这里的每一项训练科目都是经过精心设计的，能够让每名学生都体验到团结的力量是无限的。

1．翻越“天台”

在巴克纳尔训练营中，一项最为出名的训练是让学生分成多组，每组 6 人爬上一个 10 米多高的天台。小组中的每名成员必须按时爬上并翻越至另一端。

训练的分组是随机的，任务也是事先保密的。如何在短时间内克服心理和器械的障碍，并共同完成眼前的任务，需要每名成员积极的努力与积极的配合。

整个活动中，团队合作会遇到两大障碍。一是如何从地面爬上天台。一般的解决办法是采取叠罗汉的方式，先送个头最高的人上去，再由此人拉其余的成员上台。二是如何克服个别成员的弱点。比如某些个体的身材矮小、体重偏胖等问题。

要想选择一个最为完美办法的同时，又不损失团队的凝聚力，需要每名成员必须同时具有领导能力与服从意识。

天台训练

2. 搭建活动组合桥

战场上常出现交通要道被摧毁的情形，对此，巴克纳尔营专设“组合桥”科目训练学员解决此问题的能力。

训练中，营地设置有多块上百千克重的桥面板，把学员按照一个排的规模，分为35人的小组，让各小组在规定的时间内完成组合桥的搭建。

游戏设计得很缜密。他们为这一训练科目建立了完美的假象目标，并对“敌人”进行了重新的界定。采取的办法就是竞争，看哪一个团队率先在规定时间内完成组合桥的搭建。

这是一种十分有效的手段，竞争有助于目标的达成。因

搭桥训练

为团体所追求的目标不仅对每名成员十分重要，而且对整个团体更是十分重要。对于一名领导者来说，引入竞争这一手段要必须小心，因为稍不注意就会使成员放弃团体而只顾个人利益和虚荣，从而降低了成员的忠诚度。

整项任务的完成，既需要每组成员团结一心，也需要领导者充分调动成员的积极性和士气，否则预置构建活动组合桥将是天方夜谭。

3．鲤鱼跳龙门

在巴克纳尔营训练的最后一天，所有学员全副武装，行军到波波洛本湖，接受最后一项名为“鲤鱼跳龙门”的考验。

学员沿着梯子爬上一座24米高塔的顶端，双手握住钢索上的滑轮，完全依靠双手来承载全身的重量，然后滑到湖的对岸去。在快要到岸的时候，学员必须松开双手，从高处自然地落到水中。然后再爬上岸。接下来便是爬竿。学员要走一段8米长的独木桥，然后抓住水面上的绳索慢慢前进，听到命令时就松开手跳入水中，等到再次湿淋淋地爬出水面，才算成功。

经过几轮的训练，学员们就会养成一种彼此间的相互依赖、相互依存的习惯，这种习惯就被西点人称作是“巴克纳尔精神”。

四、“毕业墙”训练

西点的训练场上搭有一面高达 4.2 米的高墙，每年即将毕业的学员，要以 60 人为单位在 15 分钟内全部爬上去。因为爬上高墙的学员才能够获得毕业证书，故此称为“毕业墙”。

“毕业墙”又称逃生墙、胜利墙、海难逃生墙。关于它的设立，在西点的历史上，有这样一个故事。

第 46 期毕业生在毕业前一天的晚上，执行离校前的最后一次水上巡逻任务。由于是最后一次巡逻，学员们没有认真的驾驶，导致巡逻艇撞上了海面上的油轮。然而天黑夜深，并没人注意到这件事。危难时的学员们无比着急，此时的他们要想活命，就只能爬上油轮高达 4.2 米的甲板。结果，在艇上没有任何攀岩工具的条件下，学员们硬是靠着搭人梯的方法爬上了甲板。后来西点学员们把事件的经过报告了学校，学校为了记住这个教训，专设了“毕业墙”。

今天，“毕业墙”已成为西点体能训练和户外拓展训练的必修项目。拓展训练也非常详细。

（1）所有学员在 40 分钟内爬过高墙，不容许借助任何外力和工具，包括衣服、皮带等，必须沿墙正面上去，有人没

正在爬墙的学员

有上去即全体失败。

（2）所有人都要摘去身上的一切硬物，如手表、门卡、眼镜、钥匙、戒指、发卡等，硬底鞋、胶钉底鞋也必须脱掉。

（3）如果采用搭人梯的方法，必须采用马步站桩式，不要将身体靠在墙上，注意腰部用力挺直，用手臂弯曲推墙固定保持人梯牢固。要有人专门扶持人梯学员的腰，可以屈膝用腿支撑人梯学员的臀部，学员攀爬时不可踩人梯学员的头、颈椎、脊椎，只可以踩肩和大腿。

（4）让学员将衣服扎进腰带，拉人时不可以拉衣服，拉手时要手腕相扣成老虎扣，不可直接拉手或者手指，不可将被拉学员的胳膊搭在墙沿上，只能垂直上提，当肩部以上超过墙沿时可以靠在墙沿上，从侧面将腿上提，以帮助上爬。

（5）不得助跑起跳，上墙时不可采用蹬走上墙的动作。上去后翻越墙头要稳妥。

（6）学员应该注意安全垫子的大小和硬度，注意垫上活动的安全，避免扭伤脚踝。

（7）攀爬中，承受不住的学员可以呼救，保护人员须迅速解救。所有学员必须参与保护，弓步站立，双手举过头，肘略曲，掌心对着攀爬者，抬头密切关注攀爬者，随时准备接应和保护。

（8）当攀爬者或者人梯跌落，保护人员在保护自己的同时掌心对着攀爬者或者人梯将其按在墙上，切忌按头。当攀爬者在较高的地方倒落或者滑落的时候，保护人员应上前托住。当攀爬者在高空向外摔出，保护人员应迅速顺势接住，轻放在垫子上。

（9）大声讲解，细致强调，鼓励学员参加。解决问题的办法由学员自己想，不给安全操作规则外的任何建议。学员讨论时间过长没有决策和执行的时候可以提醒时间，一般要留 2/3 的时间用于执行。

（10）如果学员尝试多次没有成功，予以鼓励，适当的时候提示技巧。记录开始攀爬的时间和结束时间及尝试次数。

（11）最后一个学员尝试各种方法后都没能成功，要放弃的时候，应该予以提示。

不论训练内容如何拓展变换，目的都是着力提高学员危

机时刻的生存技能，锻炼他们迎难而上的勇气和培养团队内部及团队之间的凝聚力量。用学员自己的话说，“爬上毕业墙后，我们之间的关系就成了‘生死之交’。”

“加油！翻过去！”这是在毕业墙训练中经常听到的声音。学员在攀越时遇到困难而难以突破时，没有人去讥讽和嘲笑，而是会有来自团队无尽的鼓励，“这时只要你勇敢些……再勇敢些，因为一切皆有可能！”

五、领导力训练：铸造精英

西点军校是领袖的摇篮，一直把培养世界型的领导人作为自己的使命。教育方针的总论里有一条：教育、训练和培养学员，使每一个毕业生具备一名领导人才所必需的性格、才能、智力基础和其他方面的能力，以便模范地效力国家和不断进步。在陆军颁布的西点军校教学目标细则中明确指出：“军校要给予学员4年大学课程的教育，目的在于培养学员的品格和才智，使一个以军人为毕生职业的学员，在军校期间打下将来全面发展的基础。”事实上，美国军校的设置，就着眼于广泛的基础教育，而不是培养陆军各兵种具有精通某项技术业务能力的低级军官。因此，在军事方面，教育与训练就强调培养学员的品德与正直感；在文理科课程方面，要实施平衡的、基本的高等教育。而业务技能的培养，则留待学员从西点军校毕业后到兵种学校去完成。

总之，西点军校不追求成为那种培养办事员的商业学校，而要成为一所进行高等教育，传授军事传统与基本知识，培养领导才能，造就未来军事领导人才的摇篮。

为了培养未来的领导人，西点确定和完善了融智能、军事、体魄、道德伦理为一体的全面发展方针，并以此作为培养领导人才的基本保障。西点学员在 4 年的学习中，包括“野兽营”的训练、体育训练、巴克纳尔训练、毕业墙训练等，本质上都是领导力训练的有机组成部分。在领导力的训练课程中，一项压倒一切的原则是要求学员达到最佳水平。比如，西点的入学标准极其严格，因为西点认识到，只有那些真正显示出坚强的性格特征、高水平的智能、军事和体魄潜力的考生才能有机会成为西点军校学员，才有资格成为未来军队的领导人。

西点的教育努力为学员创造各种超越自身的条件，从入学的第一天起，学员就会发现他们身处一个有丰富实战经验的大熔炉里，学校里的活动丰富多彩，4 年课程中的点点滴滴，都是教导学员如何去领导。正如前校长潘莫将军说：“给我任何一个人，只要不是精神分裂病者，我都能把他训练成一个领导人。”

新生在第一年里，从服从开始，就展开四个阶段的领导训练。

第一关：建立强化组织的向心力。根本做法是强调团队精神，以及教导新生认同团体的价值体系，使个人获得更高

■ 2001 年，美国遭受“9 · 11”恐怖袭击后，美军对阿富汗塔利班发动攻击，并随后在阿富汗展开长时间的反恐行动。图为驻阿富汗的美军士兵在与恐怖组织作战。

的满足感。

第二关：帮助个人开始找到自己在团体中的声音，强调直接或面对面的领导。

第三关：教导学员建立足够的自信和必要的领导技巧，以领导其他的领导人。

第四关：行政领导。教导学员如何为组织牟求长远的利益。

西点军校200多年的历史中，培养了众多军事将领、商界精英、政坛豪杰和工程技术人才，他们从进入西点校门的那一刻起，就永远成了西点人，也为西点留下了许多的逸事趣闻。

一、罗伯特·李：让林肯头疼的战神

美国历史上有不少声名显赫的名将，诸如独立战争时期的华盛顿、南北战争时期的格兰特、第一次世界大战中的潘兴、第二次世界大战中的艾森豪威尔、麦克阿瑟、巴顿等，但是获得“战神”这一称号的只有一人，他就是南北战争时期南方军统帅罗伯特·李。

罗伯特·李智勇双全、用兵如神，在内战中多次打得北军找不到北，是让林肯最为头疼的一位军人。

1. 模范学员

罗伯特·李，出生于弗吉尼亚州，出身名门，他的先辈是美国功勋卓著的开国者，父亲亨利·李是独立战争中的英雄。

他在1825~1829年就读于西点军校。读书期间，李品德出众，档案里没有任何不良记录，总是衣冠楚楚，处处表现出好孩子的行为，同学们赠他一个“大理石模特”的绰号。毕业时，他的成绩全校排名第二，获得了至今也没人能超过的好评语：“此生表现杰出卓越，实为我校近年来少有的尖子生，据其在校的表现，我们没有发现此生有任何缺点。”

1852年，李成为西点军校校长，在西点的三年中，他积极改善校园内的建筑与课程。

2．卓越的战争才能

罗伯特·李将军于美墨战争期间（1846—1848）表现卓越超群。他找出了数条可用的进攻路线，墨军以为这些路线无法穿越而未加防守。战争结束后李擢升为中校。1861年4月，在南北战争前夕，林肯总统通过国防部长的提议，由罗伯特·李指挥联邦军。

李在情感上反对南方脱离，并曾于1861年在信中猛烈抨击为“完全是一场革命”，背叛开国先烈。然而他因效忠于出生地——弗吉尼亚，而加入联盟国——南方。一个人不能将自己的剑指向自己的家乡。即使是整个南方，也不能简单地说独立只是为了保全奴隶制。因为奴隶主只是南部白人中的少数，只有5%的白人拥有奴隶。美国历史学家就说，战争爆发时，“南部人民在争取独立上几乎是万众一心的。”一个不能抓壮丁的地方，政府要开动战车需要足够的民意基础。

其实李是热爱联邦的，他说弗吉尼亚退出联邦的行动是错误的。但是他也忠诚于弗吉尼亚："尽管我如此热爱联邦，可我却无法下决心举起拳头去打我的亲戚、我的孩子、我的家。"

李的英勇行为和忠诚受到南方头头们的青睐，他被任命为弗吉尼亚司令官和戴维斯"总统"的军事顾问，之后又担任了南部同盟军的总司令。但是战争刚开始的几个月中，他并无惊人表现，主要是由于他把全部精力都用在建造防御工事上了，渐渐地部下开始讽刺他，给他起了一些乱七八糟的外号，诸如"婆婆妈妈的李""后撤的李""铁锹王"什么的。不过戴维斯"总统"对他却极其信任，可谓慧眼识才！

战争的不断推进证明了李的战争才能。1862 年，号称"美国拿破仑"但实际能力有限的北军总司令麦克莱伦将军指挥 11 万大军发动"半岛战役"，企图攻占南方"首都"里士满，以取得战争的优先权。李指挥不到 9 万人的军队以灵活战术和顽强的斗志攻击北军薄弱环节，把麦克莱伦赶出了里士满附近的半岛，解除了里士满之危，此役史称"七日之战"，由此李威震全美。林肯总统另外启用大胡子猛将波普担任指挥。波普将军率领 8 万北军与李指挥的 5 万多南军展开第二次布尔溪之战。李用小部队将北军主力引诱到阵地，然后以精锐部队从侧翼和后方突然杀出，短短的时间内便大破北军。波普的 8 万大军被灭掉 1.4 万，李的 5 万多军队仅损失了 9000 人！

无奈之下，林肯不得不重新启用号称“美国拿破仑”的麦克莱伦。老麦率军在安特提姆又和李将军进行了战斗。当时北军在数量和装备上都占绝对优势，即便如此，麦克莱伦也没有占到任何便宜，双方只是打了一个平手，最终不得不眼睁睁地看着李率军从容离去。林肯极度的绝望，令伯恩赛德将军接替麦克莱伦。伯恩赛德虽然忠诚正直，但能耐不大，刚上任几天，他的 11.3 万大军就在弗里德里克斯堡遭到李将军部队的痛扁，伯恩赛德将军节节败退，率领残兵败将撤回华盛顿。林肯的最后一张王牌是胡克将军，但是仅仅几个月后，他的 12 万大军在钱瑟勒斯维尔战役中被李率领的 6 万军队击溃！

在南北战争期间李如同古代的汉尼拔一样，以寡击众、以少胜多，为他赢得了长久的名声，尽管最后因实力差距太大，最终被格兰特打败，但这并没有影响其声誉。

3．每一个学生都是绅士

南北战争结束了，罗伯特·李从此远离尘嚣，也远离仇恨。他拒绝了一家保险公司年薪 1 万美元的聘请，在 1865 年 9 月就任了华盛顿学院的院长，工资一年只有 1500 美元。这所规模很小、名气也很小的学院，地处偏僻的列克星敦山区。在南北战争结束后的 30 余年里，昔日南部邦联的一些大人物们，用回忆录和文章继续着往日的战斗，而这位善于辞令的院长却什么也没有写，致力于学院的教育事业，他说自己非常喜欢这美好的平民生活。

在超过 5 年的任期中，他将华盛顿学院由一所不知名的学校转变成美国第一所提供商业、新闻与西班牙语课程的大学。他立下一条校训："每一个学生都是绅士。"这所重视荣誉的学校垂范至今。更重要的是，李校长专注于让学校吸引南北双方的学生。

二、道格拉斯·麦克阿瑟：最优秀的贵族学生

道格拉斯·麦克阿瑟是一位富有传奇色彩的人物，被称为西点天王级的偶像。他几乎在刚学会走路的时候就学会了骑马和打枪，13 岁时就进入了西德克萨斯州军校，19 岁时以总分第一名的成绩考入了西点军校。从此，麦克阿瑟与西点结下不解之缘。

1．母亲陪读

道格拉斯·麦克阿瑟

为了防止年轻帅气的儿子过早坠入情网而不能专心学习，他的母亲把麦克阿瑟送到西点军校后，自己也在学员宿舍对面的西点旅馆里"安营扎寨"了。

她每天早上伴着起床号起来看儿子出早操，晚上直到儿子宿舍的灯光熄灭才休

息，整整陪读了4年。而麦克阿瑟则时常在夜深人静之时悄悄地溜到母亲的住处打打牙祭。据说，麦克阿瑟是唯一一个在母亲的陪伴下从西点军校毕业的学员，这一时传为笑话，但无疑他和母亲的感情非常亲密，他的母亲也是他人生道路上对他影响最大的女人。

2. 惊人的高分

西点曾有一个针对临近毕业的学员的考试，学员被放入一个陷入地下约4米，直径2米的光滑的圆金属筒中，学员被要求用一夜的时间，想办法从里面逃出来。如果失败，成绩按零分计算，还得接受处罚。处罚方法是：被人从上面抛泥土来盖顶，直到埋至半腰深。

自从设立该测验以来，没有一个学员能够成功。直到麦克阿瑟的出现才打破了这个僵局。当被放入圆桶时，麦克阿瑟一夜什么也没有做，似乎和其他学员一样绝望了。而当考官命令往圆桶填土以示惩罚时，麦克阿瑟突然站起，左右闪动自己的身体，躲避泥土的盖顶，并迅速地将抛进的泥土踩在脚下。不一会儿，出乎所有人意料的情景出现了：被抛进来的泥土在麦克阿瑟的脚下越来越高，最后竟然成了一个土堆。麦克阿瑟踩着土堆，一点点上升，一点点接近地面，最后一跃而出，成功地脱离困境。最终得了满分。

那一年，麦克阿瑟以各科98.14的平均分从西点毕业，这个分数至今没有被打破。

3. 恶作剧

一次，因为对教授们的不满，麦克阿瑟在深夜组织了几个人把堆放在广场一边一吨多重的废旧大炮拉到了四楼的天台，将大炮的炮口正对着教授们的办公室，一切都是在无人知觉中进行的。天亮后，教授们被这史无前例的恶作剧惊呆了，麦克阿瑟也因此受到惩罚。

4. 被窝里读书

在西点军校，麦克阿瑟学习刻苦、勤奋。他常在熄灯号吹过后，还点着蜡烛，沉浸在军事理论的学习中，为了防止被察觉，他就用被子围住床的四周读书。在当新学员的那一年，由于学习成绩优异，获得了优越条件：学校允许他与一位四年级的同学同住一个寝室，因为四年级的学员允许比新学员晚休息一小时，从而麦克阿瑟也就多了一个小时的学习时间。

在 4 年的学习中，他成绩优异，刚入学时，在全班 143 名中排名第一；第二年全班剩下 134 名，他还是第一；第三年全班剩下 104 名，他还是第一；第四年该毕业班只剩下 91 名，他还是第一。四年级时又获得令人羡慕的荣誉：学员队第一队长。此外，他在体育上也获得了优异的成绩，毕业时被授予了上尉军衔。

在西点，麦克阿瑟创造了三个第一：

一是创造了同时约会 8 个女朋友的纪录；

二是创造西点军校 25 年来单个学员平均分数 98.14 的纪录；

三是创造了西点军校学员所获得的最高的军衔——第一上尉。

毕业后，按照西点军校高才生的传统，他选择了工兵，并前往菲律宾。后来受命考察整个远东、印度和中国。38 岁时他出任著名的彩虹师师长，成为美国最年轻的准将，39 岁时出任西点军校校长，50 岁时成了美国最年轻的参谋长。

5. 出任西点军校校长

麦克阿瑟出任西点军校校长前，西点正处于非常暗淡的时期。美国国内对西点提出了尖锐的批评，甚至要求解散西点。哈佛大学校长伊利亚特认为：使西点走上了死路的是军校的僵化、呆板和因循守旧。

为了重振西点，陆军部决定由麦克阿瑟担任校长，但当时他并不愿意去，理由是："我不是教育家，我是打仗的，况且西点许多教授教过我，我不能去当校长。我对他们只能尊重，不能领导他们。"

陆军部派去的人叫马奇，他没有对麦克阿瑟做什么思想工作，只是简单地说："如果你不去西点军校当校长，你的军衔将重新回到少校。"这一下就把骄傲的麦克阿瑟压住了，因为美国当时的军衔有正式军衔和临时军衔两种，正式军衔一旦被授予，终生拥有。而临时军衔则不一样，与具体职务挂钩。比如，如果是师长就授予准将军衔，而不当师长时，则恢复到原来的正式军衔。当时，麦克阿瑟的正式军衔是少校，而由于作战勇猛才提升为师长，军衔是准将，却是临时的。战争一结束，当不再担任师长时，他就要恢复到少校的军衔，两者相差太大了。而西点军校校长却是正式的准将军衔。当马奇打出这个“撒手锏”时,精明的麦克阿瑟只有屈服了:“好，我去，谢谢您给我这么一个职务。”

6. 赠笔于母校

1945 年 9 月 2 日，日本向同盟国总投降的仪式在日本东京湾的美国海军最大战舰“密苏里”号上进行。盟军的签字代表是赫赫有名的美国五星上将、盟军最高统帅道格拉斯·麦克阿瑟。上午 9 时，签字仪式开始。麦克阿瑟从舱内出来，表情严肃地走到扩音器前发表了简短的演说。随后，他命令日本方面的代表重光葵、梅津美治郎在投降书上签字。

之后，麦克阿瑟迈着矫健的步子，走到签字桌边代表盟军签字。很有意思的是，他准备了 5 支派克金笔用于签字。他用第一支笔签了“道格”，就将笔送给了站在身后的美军中将温赖特；第二支笔接着写了“拉斯”，然后送给了英军司令珀西瓦尔；第三支写了“麦克阿瑟”就收起来，送给了美国政府档案馆；第四支笔签了职务“盟军最高统帅”，送给了美国西点军校；第五支笔签了年月日，送给了爱妻琼妮。

麦克阿瑟之所以要将两支笔分送给温赖特和珀西瓦尔，是因为 1942 年 3 月，日军集中兵力大举进攻菲律宾巴丹半岛的美国、菲律宾军队时，美国政府为防止麦克阿瑟上将成为

日军俘虏，命令他立即将指挥权交给刚接任驻菲美军司令的温赖特，然后派专机将麦接走。麦克阿瑟走后，心里总觉得对不起温赖特。不久，巴丹半岛沦陷，温赖特和原英军驻新加坡司令珀西瓦尔及美、菲约5万名官兵都成了日军的俘虏。温赖特和珀西瓦尔被日军关押在沈阳集中营，在牢中的3年，他们吃尽了日本人的苦头，而且险些被折磨死。这次麦克阿瑟邀请两人一同参加受降仪式，就是想让这两位死里逃生的战友享受一下胜利的喜悦，也让他们在全世界人民面前抬起头来。

麦克阿瑟将签字笔送给西点军校，也很有用心。当年他以全校头名的成绩在该校毕业，然后由少尉一路晋升到五星上将，并成为第二次世界大战中的盟军统帅，西点军校的师

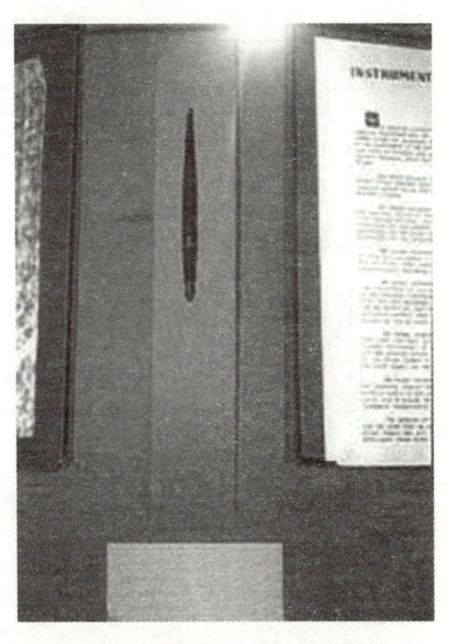

麦克阿瑟签署日本投降书用笔

生为该校出了位世界闻名的名将感到自豪。麦克阿瑟将签字笔送给母校，自然有其特殊意义。

至于麦克阿瑟送一支签字笔给太太琼妮，那自然是感谢她这么多年来的辛劳及对他真挚的爱。琼妮除承担了所有家务外，还为他的安全受够了惊吓，操碎了心。

7. 荣获塞耶奖

第二次世界大战时，麦克阿瑟曾表示，父亲灌输给了他当兵的理想，而西点军校则圆了他当兵的梦。在他的心中，西点军校始终是他的精神家园，也是他希望与梦想的出发之地。直到在这个世界上的最后时刻，麦克阿瑟念念不忘的还是西点。

1962 年 5 月 12 日，西点军校授予 82 岁的麦克阿瑟塞耶奖，能够获得这个奖的人在美国军界可谓寥若晨星，麦克阿瑟得到获奖通知后激动得热泪盈眶，他对妻子说："在美国的将军中，我获得的战功是最多的，但是我最看重的是这一块，即使是手脚并用，我也要爬到西点。"麦克阿瑟在西点领奖时，发表了他一生中最精彩的演讲，整个会场的人都哭了。

1964 年 4 月 5 日，麦克阿瑟病逝，享年 84 岁。

三、小乔治 · 史密斯 · 巴顿：数学倒数第一的"耙耳朵将军"

巴顿是西方人眼中的铁血将军，是军事迷眼中的"纯爷们儿”。他作战勇敢顽强，指挥果断，富于进攻精神，是美国军事史上的一个传奇。

艾森豪威尔将军曾评价他说：“在巴顿面前，没有不可克服的困难和不可逾越的障碍，他简直就是古代神话中的大力神，从不会被战争的重负所压倒。在第二次世界大战的历次战役中，没有任何一位高级将领有过像巴顿那样神奇的经历和惊人的战绩。”

1. 重武轻文

1904 年，巴顿考入西点军校。入学的第一年，他严重偏科，战术理论和队列训练十分出色，但数学成绩却是倒数第一，第一学年结束时被迫留级。因此，巴顿花了 5 年时间才从西点毕业，比同期学员多出了一年。但后来巴顿很快调整了自己，重振旗鼓，利用一个暑期，系统地掌握了全部功课。终于在最后毕业时，获得巨大成功，而且他的奋斗目标全部实现：队列训练名列榜首；几次刷新运动项目纪录；四年级时被任命为副官。

据说，后来有记者追问巴顿留级的原因，巴顿俏皮地回答说，他学习期间没有找到学校的图书馆。对此，西点人则以自己的幽默来回答和纪念这位 1909 年的毕业生。1950 年，西点军校在校图书馆对面树立了一座头戴钢盔、身着戎装、手持望远镜的巴顿将军塑像。寓意幽默：不是找不到图书馆吗？现在让你手持望远镜，天天站在图书馆对面，这下总可

以找到了吧！

后来，巴顿在部队服役时，一位将军对他的评价是："此人在战时会成为无价之宝，但在和平时期却是一个捣乱分子。"巴顿听后，立即立正敬礼，大声回答说："长官，我把这些话看成是您对我的最高赞赏。"

可见，这时的巴顿已流露出爱武的性格。

2. 以身实验

巴顿在学习期间一直注意锻炼自己的勇气和胆量，有时甚至用自己的生命当赌注。

一次射击训练，按要求学员是轮换射击和报靶，射击时报靶者必须趴在壕沟里举起靶子，而轮到巴顿报靶时，他却在射击时，突然一跃而起，此情景吓呆了在场的所有人。

还有一次上物理课时，巴顿居然请求教授允许他用身体做试验，以验证"电击是否会致人丧命"。事后他给父亲写信说："我一直以为自己是个胆小鬼，但现在我开始改变了这个看法。"

这些学员时代的琐事，造就了巴顿的性格，他在后来的打仗中有句名言："在战争中，不应让恐惧左右自己。"

3. "耙耳朵将军"

1909年，巴顿迎娶妻子阿特丽斯·班宁·艾尔，生有两个女儿和一个儿子。阿特丽斯非常爱巴顿，巴顿一生中也只爱他的妻子一人。战场上他将生死置之度外，对待上司也丝毫不收敛，但唯独对自己的妻子百依百顺，被戏称为“美国第一怕老婆将军”。

第一次世界大战期间，在欧洲战场作战的巴顿担任坦克旅旅长。1918年年底，他率坦克部队参加圣米耶尔战役。当时，坦克还是个新鲜事物，从未实战过，大家都不明白这些庞然大物究竟有多大能耐，于是巴顿的坦克旅被命令跟在步兵后面，等待命令。在战场上，德军一败涂地，跑得比兔子还快，美军步兵追不上。坦克空有一身本事，却只能跟在步兵屁股后头干着急。眼看煮熟的鸭子就要飞了，巴顿头脑一热，把上级指示丢到了爪哇国。他没等到上级的命令就率领刚从法国购买的22辆坦克撇下步兵全速追击，不到半天便追到德国兴登堡防线，同德军展开激烈交战，结果大获全胜。

虽然打了胜仗，巴顿却因擅自行动捅了大娄子，因为他的轻率举动，过早暴露了美军拥有坦克的秘密。他的顶头上司塞缪尔·罗肯巴克准将暴跳如雷，将巴顿臭骂了一顿。巴顿立刻承认错误。见到爱将态度如此诚恳，罗肯巴克准将原谅了巴顿。轻松躲过一劫的巴顿离开办公室时，回头看了他的上司一眼，罗肯巴克看到巴顿脸上得意的笑容，这才意识到自己上了巴顿的当。为了挽回面子，罗肯巴克准将使出“撒手锏”，威胁要将巴顿遣送回国，不许打仗，还将巴顿的“罪行”写信告诉了巴顿的夫人阿特丽斯。巴顿有一个全军上下无人不知，无人不晓的秘密——怕老婆。

第二次世界大战中的巴顿

不久后，巴顿就收到了妻子的来信，信中说："我和孩子们都因你而自豪，全力支持你的事业，但绝不容忍你拿自己的性命开玩笑。也许你认为你的生命只属于自己，但是对于我们来讲，你的生命还属于我和你的孩子。你不能总让我和我们的孩子提心吊胆地生活。为了我们的爱，你或许应该学会真正地认识错误。"巴顿收到妻子的信后十分懊悔，给妻子回信说："亲爱的，我向你保证，今后绝不再犯这样的错误！"并且马上到上司罗肯巴克那里再次诚恳地承认了错误。

这个事件随后传遍军中，老婆的话比准将的话管用。天不怕地不怕的巴顿为何偏偏只怕老婆？这也让人们对以严厉著称的巴顿将军更多了一分敬畏。

1945 年 12 月 9 日，巴顿遭遇了一场车祸，12 天后，由于伤势严重，不治身亡。

四、德怀特・大卫・艾森豪威尔：橄榄球明星兼差生

德怀特・大卫・艾森豪威尔，生于得克萨斯州丹尼森。

■ 2003 年美国对伊拉克发动打击，结束了萨达姆政权，随后展开了长达 8 年多的军事占领。图为美国国防部长帕内塔 2011 年 12 月 15 日在巴格达正式宣布驻伊美军任务结束，为历时 8 年多的伊拉克战争画上了句号。18 日，最后一批美军从伊拉克撤出并进入科威特境内。

艾森豪威尔一生充满传奇。出身最穷、晋升最快，统率最大战役的第一人，退役将领中担任哥伦比亚大学校长的第一人，唯一一位当上总统的五星上将。

1912年，艾森豪威尔进入西点军校读书。在读书期间，他却是出了名的差生，刚到西点不久，他的自由散漫就在学校出了名，常常在排队和吃早饭时迟到，而上午8点例行检查时，居然“坐在椅子上睡着了”，并且还“在跳舞时捣乱”。因此，他不得不接受惩罚——像小鸡在田间来回走一样，在操场上来回走步；还因为违反纪律被关过“特别禁闭”。由于经常逃避操练，一度还被编入“笨兵班”。在奖惩记录表上，他的处分记录密密麻麻，数不胜数。

1. 体坛上的健将

艾森豪威尔出生贫穷，但他从小便非常爱好体育运动，而且是一个远近闻名的运动高手。足球、拳击、击剑、游泳、网球、棒球、橄榄球、骑马等，几乎他都能玩得转，尤以足球和拳击最为擅长。他初上绿茵场时就吸引了足球专家的眼球，许多足球杂志报纸预测他将作为球星而闻名全国，非常遗憾的是在一次球赛中他的膝盖惨遭重创，他的球星梦随之破灭。

然而，西点教会了他“永争第一”和“敢于坚持”的进取精神，在后来的学习中，他目标明确，待人宽容，处事机智，为以后的辉煌人生奠定了坚实的基础。

1916年，艾森豪威尔毕业，他的成绩只处于中等。然而，

1916届学员却是西点有史以来最伟大的一届，获得了“群星璀璨的一届”美誉。

刚到部队的艾森豪威尔当上了排长，一次冬季野外拉练演习，团长口渴了，问周围的人有谁带水了。带水的还真不少，当他们纷纷拿出自己的水壶时，才发现里面的水已经冻成冰了。这时，一位新排长走过来，从棉衣里掏出一个带着体温的水壶，团长接过来痛快地喝了几大口，仔细地打量了这个新排长，露出了微笑。演习结束后，这位新排长艾森豪威尔就获得了提升。

2. “千里马”遇“伯乐”

艾森豪威尔曾在三位非常出名的将军手下工作——凶狠严厉的潘兴将军、狂妄自恋的麦克阿瑟将军和宽宏无私的马歇尔将军，这三人都当过美国陆军参谋长，对他的帮助和影响都非常大，其中对其前途影响最大的是马歇尔将军。

艾森豪威尔

马歇尔的一生最大的优点是惜才如金，广泛地网罗人才，一旦发现大有前途的军官，立即重点培养、使劲提拔。马歇尔看中艾森豪威尔的地方一是他性格稳重洒脱，二是工作能力甚强。1941 年年底美国参加第二次世界大战后，马歇尔直接把艾森豪威尔调往华盛顿总参谋部工作，第二年又把他派到英国，让他担任欧洲战区美军司令，为日后进攻意大利和德国做准备。

3. 指挥诺曼底登陆

艾森豪威尔的军事指挥才能非常强，但是在第二次世界大战中他的失误亦不少。他最为后世称道的应该是他的协调、组织和统率才能。从北非到意大利，从诺曼底到莱茵河，艾森豪威尔率领着欧洲战场美英盟军的最出色战将和史上最庞大的多国部队，积极协调英美两军官兵的关系，克服无数次难以想象的困难，最终取得了这场影响世界的反法西斯战争的胜利。

其中，最著名的就是 1944 年代号为“霸王”的诺曼底登陆战役。为了打赢此战，身为盟军最高统帅的艾森豪威尔聚集了 300 万士兵、5000 多艘舰船和 1 万多架战机，准备工作十分充足。

诺曼底登陆前，艾森豪威尔在英国打高尔夫球，一个新闻记者采访他：“前线战事这么紧急，您怎么还有心情在这里打球啊？”艾森豪威尔幽默地说：“我不忙，我只需管好 3 个人：大西洋有蒙哥马利，太平洋有麦克阿瑟，那边捡球的是马歇尔。”

战争非常惨烈，盟军付出惨重代价在诺曼底成功登陆，德军防线全面崩溃，艾森豪威尔指挥盟军向法国内陆推进，同年8月解放了巴黎。

1945年，已晋升为五星上将的艾森豪威尔指挥盟军粉碎了希特勒的最后抵抗（在阿登的反扑），然后马不停蹄地越过莱茵河，在鲁尔消灭德军32万人，与苏联军队在易北河会师，这样希特勒的法西斯德国部队全部被歼灭。由于同盟国巨头们的事先商定，艾森豪威尔没有继续进军柏林，苏联军队元帅朱可夫成为攻占希特勒老窝的英雄，当然这份巨大荣耀背后也有着巨大的伤亡。

1953年，艾森豪威尔当选为美国第34届总统，1956年再次连任，将军“艾克”变成了总统“艾克”。

8年总统任内，他结束了一场战争——朝鲜战争；搞了一个“组织”——东南亚条约组织；鼓捣出一个“主义”——干预中东的“艾森豪威尔主义”。

1961年，艾森豪威尔告别白宫，安度晚年。8年后病逝于自己的农庄，终年79岁。

五、巴兹·奥尔德林：从别的星球回到地球的第一人

巴兹·奥尔德林上校，博士，出生于1930年1月20日，原名埃德温·尤金·奥尔德林。曾是一名美国飞行员和美国国家航空航天局的宇航员，以在执行第一次载人登月任务时成为第二位（在尼尔·阿姆斯特朗之后）踏上月球的人而闻名。

奥尔德林从蒙特克莱高中毕业后，在西点军校就读。他

巴兹·奥尔德林

于1951年以全班第三名的成绩获得科学学士学位。在朝鲜战争期间，奥尔德林作为美国空军少尉参战，并且担任F-86喷气式战斗机飞行员。在朝鲜，他执行了66次作战任务，击落两架米格-15战斗机。战后，奥尔德林在南内华达州的奈利斯空军基地教授航空射击学，后来又担任美国空军学院教导主任的副手。离开教学任务后，奥尔德林在德国庇特伯格作为指挥飞行F-100“超级军刀”战机的训练教官。

奥尔德林退役后在麻省理工学院获得了太空航空学博士学位，他的毕业论文是《视距载人轨道集合的导航技巧》。从麻省理工学院毕业后，他回到了空军，被指派在位于洛杉矶的空军航天系统师服役，后来又到位于美国空军试飞员学校的爱德华空军基地服役。1972年3月，奥尔德林在服役21年后正式从空军退役。

1963年10月，奥尔德林被美国国家航空航天局选入第三组宇航员。在双子星计划的计划过程中，他的严肃和学历被证明是无价的，尽管他并没有获得飞行任务。之前，双子星9A

号主力成员（查尔斯·巴塞特和埃里奥特·希）在事故中丧生，使奥尔德林有机会作为替补成员。双子星9A号的主要任务是在地球轨道使主航天器与一个目标航天器集合并对接，对接失败后，奥尔德林临时准备了一个坐标点，并且成功使它们对接。奥尔德林担任双子星12号的飞行员。双子星12号是双子星计划中最后一个任务，也是最后一次在阿波罗计划之前检验舱外活动的机会。奥尔德林在双子星12号的训练过程中发明了一些革命性的技巧，包括悬浮水下训练；这些技巧至今仍在使用。奥尔德林在双子星12号任务中创造了舱外活动的时间纪录，证明了宇航员可以长时间在航天器外工作。

登月第一人阿姆斯特朗因一句“我个人迈出了一小步，人类却迈出了一大步”的豪言壮语而家喻户晓。可是，历史却不仅仅把视角放在这个伟人身上，而是把注意力也放在了登月故事的一个配角身上。这个配角就是阿姆斯特朗的助手奥尔德林。一个记者走到奥尔德林身边，提出了一个很有讽刺意味的问题：“作为同行者，阿姆斯特朗成为登陆月球的第一人，你是否感觉到有点儿遗憾？”可是，奥尔德林却极为风趣地说：“各位，千万别忘记了，回到地球时，我可是最先迈出太空舱的！所以，我是从别的星球回到地球的第一人。”

六、亨利·哈里·阿诺德：美国现代空军之父

亨利·哈里·阿诺德，1886年7月25日出生在美国宾夕法

亨利·哈里·阿诺德

尼亚州的格拉德怀尼，第二次世界大战时历任美国陆军航空兵司令、主管航空兵事务的陆军副参谋长、陆军航空兵司令等职，五星上将。他一直致力于提高军用飞机的生产能力和飞行员的训练水平，负责陆军航空兵的编组、训练和指挥，为美国建立独立的空军奠定了基础，被称为“美国现代空军之父”。

1903年，阿诺德考入西点军校，4年以后以优异的成绩毕业，当时他选择了远涉重洋到菲律宾服役。20世纪初，美国的莱特兄弟发明飞机并试飞成功，这对美国的航空事业是一个极大的推进。从小便对飞机非常感兴趣的阿诺德于1911年自愿报名去俄亥俄州的代顿，慕名前往去向莱特兄弟学习飞行。阿诺德经过了刻苦的学习之后，掌握了关于飞行的一些基本知识，并在积累了3小时48分钟的飞行经验后，成为美国陆军的首批飞行员之一。令人钦佩的是，他在第二年就创造了飞行高度6540英尺的世界纪录，并获得了1枚胜利勋章。

1. 立体化战争思路

1940年10月，阿诺德升任负责航空兵事务的陆军副参谋长兼陆军航空兵司令，经过他的不断争取和努力，陆军航空

兵的地位得到提高。1941 年 7 月，美国陆军航空兵受到政府的重视，改组为陆军航空部队，扩大了规模并增加投资，下辖数个航空队，仍由阿诺德指挥。1941 年 12 月，阿诺德晋升为中将。次年，由于国际形势的变化，美国陆军再次改组，陆军地面部队、陆军航空部队和陆军后勤部队成为陆军的三大组成部分，实现了更加强大的军事组合，阿诺德改任美国陆军航空部队司令。

太平洋战争爆发后，美英经过不断地商讨和协议决定两国军方组成联合参谋长会议，共同制定反法西斯的全球军事战略。1942 年 2 月，阿诺德成为新成立的美国参谋长联席会议和美英联合参谋长会议成员。第二次世界大战期间，阿诺德仅仅因为心脏病复发而缺席了雅尔塔会议，其他的盟国所有决定军事战略的重要会议都有他的参加，他在会议上的发言和决定对战争进程起到了很大的影响。

2. 对德国轰炸

美国正式参战前，英国对德国法西斯的后方轰炸已持续了一段时间，由于投入不够，效果并不明显。1943 年 1 月，同盟国召开卡萨尼兰卡会议批准了阿诺德提出的加强从空中打击德国的建议，之后召开的华盛顿会议再次确定：同盟国对轴心国发起海上攻击的同时，空中的战略轰炸机也要作为重要的打击手段。会议之后，美国调集了大量的空军，陆续在英国集结，并组建专门实施对德国轰炸的美国陆

军第 8 航空队。在阿诺德的支持下，美国战前就开始生产被称为“空中堡垒”的 B–17 远程轰炸机，而威力更大的战略轰炸机也即将投入生产，使战争不断有了新式武器的参与。1944 年 6 月诺曼底登陆，盟国集中飞机近 14000 架，在登陆前 50 天就开始对德国防御体系的前沿和纵深进行轰炸，扫清了许多的反抗力量和防御措施，在登陆作战实施之时完全掌握着诺曼底地区的制空权，这是诺曼底成功登陆的基本保障。

3. 对日本空袭

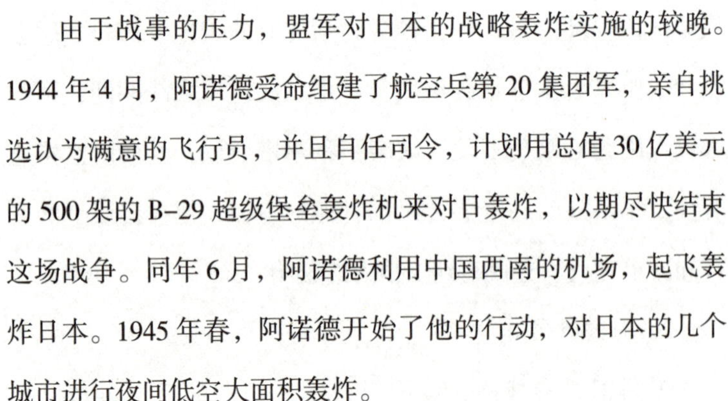

由于战事的压力，盟军对日本的战略轰炸实施的较晚。1944 年 4 月，阿诺德受命组建了航空兵第 20 集团军，亲自挑选认为满意的飞行员，并且自任司令，计划用总值 30 亿美元的 500 架的 B–29 超级堡垒轰炸机来对日轰炸，以期尽快结束这场战争。同年 6 月，阿诺德利用中国西南的机场，起飞轰炸日本。1945 年春，阿诺德开始了他的行动，对日本的几个城市进行夜间低空大面积轰炸。

在美国参谋长联席会议讨论最后采取何种方法在日本本土进行战略决战之际，阿诺德第一个提出，无须陆军和海军去发动那种伤亡巨大的登陆作战，仅仅依靠他的空军足够解决问题。阿诺德的这种豪迈说法并非空口大话，日本的快速投降便是佐证：1945 年 8 月 15 日，在陆军航空队对广岛和长崎投下两颗原子弹后没几天，日本放弃了最后的抵抗，日本

■ 2009 年以来，美军努力寻找一个实力相当的对手，为中国人民解放军量身打造了“空海一体战”理论，这是继 20 世纪 80 年代美军为苏军打造的“空地一体战”之后，第二次极具针对性的作战理论。图为 2014 年在跑道上准备排队起飞的 F-16“战鹰”战斗机。

天皇向全世界公开宣布无条件投降。1947 年，鉴于第二次世界大战中陆军航空队的巨大贡献，美国国会正式批准陆军航空队脱离陆军，组建独立的美国空军，地位与陆军并列。

1950 年，阿诺德肩扛美国第一个空军五星上将军衔，得到了在美国空军史上的最高荣誉，几年之后由于疾病突发而离开了人世。阿诺德将军的一生都致力于美国空军的发展和建设，被称为“美国现代空军之父”，其事迹和贡献被永久地载入了史册。

七、被开除的艺术家

大浪淘沙，西点军校 200 多年的办学中也淘汰了不少人。但在这些被淘汰的人中，仍然出现了不少杰出人物。

1. 著名作家、诗人埃德加·爱伦·坡

埃德加·爱伦·坡是著名作家、诗人，是后人公认的天才，他广博的才智、出众的想象力和惊人的洞察力让他在文坛上留下了深刻的印记。爱伦·坡 1830 年 6 月进入西点军校，但无法适应紧张枯燥的训练和军事化管理，只有在深夜他才能把压抑在心中的诗句倾泻在稿纸上。为了追求自己文学理想，他故意屡犯校规，因而仅半年后就被开除了。

在西点军校读书时，他经常逃学到本尼·黑文斯去喝上几杯。军法审判记录中的缺课次数惊人，对所有缺课，他从来都供认不讳。据说有一次深夜，他大醉而归，趴倒在学监住所的台阶上，学监醒来一声大吼：“谁？”爱伦·坡用颤抖的声音唱道：

“林登的太阳西坠，

无人践踏的积雪惨无血色僵睡，

一声‘是我先生’迅速传来，

犹如冬夜一般暗黑！”

爱伦·坡一边唱着“是我先生”，一边匆忙爬起来溜掉。学监手持灯笼开门察看，却什么也没有看见。

爱伦·坡一生中创作了大量作品，至今仍闪烁着耀眼的光芒。1849 年，爱伦·坡在孤独中与世长辞。

2. 天才画家詹姆斯·惠特勒

詹姆斯·惠特勒从小喜欢绘画，争强好胜，他的聪明与放肆并存。1851 年考入西点军校，可他除了绘图课外，其余功课无一长进。一次，一位工程学教授布置作业让同学们设计一座军事用途的桥梁，而惠特勒的设计图上是绿草茵茵的河岸，一座充满浪漫色彩的小石桥，还有两个小子在桥上钓鱼。教授命令他重画，给他的批示是：“把那两个孩子给我从桥上撵走，这是军事桥梁！”几天后惠特勒作出的修改仅仅是把钓鱼的孩子从桥上移到了岸边。教授气急败坏：“我叫你把这两个孩子去掉，把他们从图上彻底删除！否则成绩不及格。”当天下午，修改过的图纸交给了教授，果然小孩不见了，教授正高兴，突然发现河岸边多了两个小坟头，墓碑上写着：“永悼被独裁者谋杀的小天使——吉姆和埃娃。”

第3学期期末，由于詹姆斯·惠特勒多科成绩不及格被开除。从此，他走上了独特的绘画艺术之路。成为当时最具独创性、狂放不羁、褒贬不一的画家，他的艺术作品给人以静谧、清新、和谐的美感。

八、华裔学员的豪情逸事

近代中国人出国留学的直接原因是在鸦片战争中看到了西方军事的强势，中国官派留学教育的明显目标也是学习西方列强的军事技术。1870年，清政府批准幼童留学美国之际，李鸿章等洋务大员便将希望的目标投向美国将军的摇篮——西点军校。为此，李鸿章特别关注美国西点军校毕业的第一位军人总统格兰特，与之交游甚好。

可惜的是，在幼童留美后期，美国爆发了排华风暴，美国政府无视《蒲安臣条约》的明确规定“嗣后中国人欲入美国大小官学，学习各等文艺，须照最优国之人民一体优待”，在允许日本学生进入军事院校的同时拒绝了中国幼童进入。志在沐浴西方文化的容闳在这方面也缺乏主动意识，没有代表幼童向美国国务院提出过有关中国学生进入美军军校的入学许可申请书。这样，中国学生学习军事的计划随着留美幼童教育的夭折而暂时没能实现，中国学生进入西点军校的梦想也随之破产。

但是，随着其他地域留学教育的不断兴盛，美国政府中的一些有识之士意识到盲目排华政策的荒谬。在他们的推动

下，美国在继续排斥中国劳工的同时向中国精英层伸出橄榄枝，推出了退还庚子赔款以兴学的计划，也放松了中国学生进入美国军事院校的关口。1905 年 3 月 3 日，美国国会特别通过法案批准西点军校接纳中国学生。在这种情况下，1905 年 6 月，温应星和陈廷甲二人正式进入西点军校学习，开始了中国人的西点军校之旅。

他们之后，王赓、曹霖生、王成志、张道弘、王之、严朴生等 6 人陆续进入西点军校学习。虽然他们中的大部分人士也战功卓越，但与他们在西点军校的美国同学不同的是，他们似乎未能在中国近代史上发挥出与西点相应的影响力。

1．温应星：西点墓园里的中国将军

在宁静肃穆的西点墓园里，有一位中国杰出将领长眠于此。他就是美国西点军校史上第一位来自中国的毕业生，也是第一位有此殊荣安葬于西点军校的外国人，更是西点军校墓园里唯一墓碑上有中英文对照而成为校园一景之人——温应星将军,墓碑上书“显考陆军中将温公应星府君之墓”字样。如今，这里已成为到西点军校造访的中国人必来瞻仰的一景。

温应星（1887—1968），字鹤苏，广东台山人。1897 年就读于天津北洋大学，1901 年，温应星入南洋公学（上海交通大学前身）学习，后来，他又考上了唐山北洋工学院，曾任粤汉铁路学生实习工程师。有一天，他和同学到北京，正好看到墙上张贴的清廷公费留美招考布告，布告中许诺，凡留

温应星像

洋归来，可优先考举。温应星不禁眼前一亮，欣然报名参加了考试，不想幸运地一举考中，成为清华学校的留美学生之一。1904年秋，温应星坐船来到了陌生的美利坚合众国，成为弗吉尼亚军事学院的中国留学生。一个月后，温应星接到清廷的指令，让他立即转入西点军校。此一转折，让他有幸与曾经留级、后来成为名将的巴顿先生成了同班同学。一进入西点，温应星就抓住时机，刻苦攻读，他的“实用军事工程”成绩很快成为全班第二名。他做事认真负责，为人正直随和，在弗吉尼亚军校时，就很受同学欢迎，在西点军校时，更被称为“乔治·华盛顿”。

温应星从西点军校毕业的时候，正是清廷快要灭亡的时期，出国前清廷对那些留学生许下的诺言已经难以兑现了。所以，温应星回国以后并未找到适合自己的位置，只好先在广东军校担任数学教师。后来，辛亥革命爆发，他便追随孙中山。孙中山见他是西点军校的毕业生，又能说一口流利的英语，就把他留在大元帅府做自己的英文秘书，后来又调任第三科科长。然而，这一切对他来说似乎依然不够，他一个西点军校的高才生，在派系复杂、军阀割据的旧中国，尤其是在官场，失去了发挥能力的空间。

1921年年初，为了摆脱日本人对奉系的要挟，张作霖决定向美国政府求助，打算聘请一位资深的美国军人来担任自己的军事顾问。在美方派来的顾问当中，有一位名叫费霖的陆军少校，恰好是温应星的同班同学，就对张作霖说："你们中国就有西点毕业的专业人才，为什么还要花大笔钱找我们美国人来？"他就把温应星推荐给了张作霖。此时，南方的国民政府正有意在旧军阀中培植势力，也就很爽快地把温应星安插到奉军任职。1928年皇姑屯事件以后，温应星偕全家星夜兼程逃到了北京。当时，北京是新思潮最活跃的地方，学生运动风起云涌，清华大学也是学潮风波不断，先后就有两任校长被迫离职。温应星本来就是从清华大学的前身清华学校出国留洋的，在此风雨飘摇的关头，校董事会决定聘请他为清华大学第五任校长。因此，在清华校志上，温应星是直至目前唯一担任过中国国立大学校长的职业军人。

抗日战争后温应星以中将退休，赴美定居。他向朋友借了2000多美元，在华盛顿开了一家洗衣店，用自己的劳动所得维持一家人的生活。

温将军早年仕途，功成名就，他清廉正派、奉公守法的精神，备受中外人士的敬佩与尊崇。尤其是美国方面，对于这位西点军校培养出来的中国将领，评价甚高，特别推崇他在中西军事政治学术上各方面的杰出成就。

2. 曹霖生：拒绝在巴黎和约上签字。

曹霖生曾经担任过孙中山的秘书，也是宋庆龄的表舅，毕业于西点军校，曹霖生于1916年考入西点军校，曾任清华大学体育部部长。曹霖生学成回国后，发现国内军队派系森严，西点出身的人根本不受重视，加上他长期居住美国，习惯了美国式的生活方式，对中国社会的人情世故一窍不通，因此处处碰壁，在军界无所作为。一次偶然的机会，曹霖生认识了张学良将军，代表张学良向美国财团借了一笔巨款，后来作为葫芦岛建港的资金，张学良赠他中将军衔，人们便习惯称他为曹将军。

张学良被软禁后，曹霖生作为张派人物受到排挤，逃到上海，经人介绍认识了中共地下党员华克之。华克之帮助他剖析世情，总结成败经验，并竭力帮助他。华克之成了他真正值得信赖的好朋友。

拒绝在巴黎和约上签字是第一次世界大战结束后，美、法、英、意、日等27个战胜国在巴黎召开“和平会议”。中国是战胜国之一，北洋政府派出外交总长陆徵祥、驻英公使施肇基、驻美公使顾维钧、驻比公使魏宸祖，孙中山的广州护法军政府则派出了王正廷作为全权代表参加。

“和会”期间，陆徵祥随时电报请示徐世昌，而王正廷、曹霖生则时刻听从孙中山的指示。孙中山听取了王正廷的电告后，指示王正廷：这样丧权辱国的条约，中国无法接受，应强烈抗议。由于曹霖生同顾维钧私交甚笃，早年去美国入小学、中学、大学读书，都得到顾的帮助，他的夫人施美珍又是施肇基的侄女，于是顾维钧、施肇基都站到孙中山的一边。他们会同王正廷根据孙中山的指示，促使陆徵祥再向和会主席、副主席提出强烈的抗议。中国驻日本公使章宗祥与陆徵祥是老友，当时正在日本谈判山东铁路合同。为使其经手进行的卖国勾当顺利进行，他力图影响陆徵祥迁就日本在和会所提的条件，于是回北京，与交通总长曹汝霖、币制局总裁陆宗舆密商，拟把顾维钧、王正廷调回，由章任代表，并面见徐世昌，主张照签巴黎和约。徐世昌初步同意，准备电告陆徵祥。

同年 5 月 3 日，报纸报道中国在巴黎和会上的外交失败，全国人民无比愤慨，5 月 4 日，北京学生到天安门广场集合后游行示威，继而在全国爆发了反帝反封建的爱国民主运动迫使北洋政府不得不转变态度。与此同时，孙中山根据各界人民爱国运动的形势，指示王正廷、曹霖生拒绝在巴黎和约上签字。王正廷、曹霖生先说服顾维钧、施肇基同意拒签，后来魏宸组也主张拒绝签约，向陆徵祥进言不应在这丧权辱国的巴黎和约上签字，以免遗臭万年。

1919 年 6 月 28 日，中国代表团以陆徵祥为首，包括几位全权代表顾维钧、王正廷、施肇基、魏宸组，发出拒绝在巴黎和约上签字并辞去代表职务的电报给徐世昌，并通电各参战国家，

说明拒绝签约的理由。巴黎和约在凡尔赛宫签字时，中国代表拒绝出席。并电告北洋政府：“……乞即明令开去祥外交总长、委员长及廷、钧等差缺，一并交付惩戒……”“巴黎和会”成了中国“五·四”运动的导火索，经过全国人民轰轰烈烈的声讨，旅法华侨和留学生的愤怒抗议，以及参加和会代表们的努力，北洋政府不得不电告驻法代表拒绝签字，并撤销了曹汝霖、陆宗舆、章宗祥三人的职务，王正廷、顾维钧等人长出了一口气。

此后，王正廷、曹霖生由法国回到广州，孙中山主持的革命政府在广州大街上搭建牌楼欢迎。王正廷又到上海南洋大学（现上海交大）、圣约翰大学等校演讲，介绍巴黎和会上外交斗争的经过。

1. 关于服从

（1）军人的第一件事就是学会服从，上级的意思通过下属的服从很快会变成一股强大的执行力。（1952届毕业生、劳恩钢铁公司总裁卡尔·劳恩）

（2）整体的巨大力量来自个体的服从精神。（1952届毕业生、国际电话电报公司总裁兰德艾拉斯科）

（3）在好规则面前，懂得捍卫和遵守，生活中才会享受更多的明媚阳光。（西点著名学员、巴拿马运河总工程师乔治·W.戈瑟尔斯）

（4）请只是告诉我结果，不必做出更多的解释。（1886年毕业生J. J.潘兴将军）

（5）合理的要求是训练,不合理的要求是磨炼。（西点名言）

2. 关于纪律

（1）在西点军校，学员随时随地都可能犯错误。（1916届毕业生、美国第34任总统艾森豪威尔）

（2）纪律是保持部队战斗力的重要因素，也是士兵们发挥最大潜力的基本保障。所以纪律应该是根深蒂固的，它甚至比战斗的激烈程度和死亡的可怕性还要强烈。纪律只有一种，这就是完善的纪律。假如你不执行和维护纪律，你就是潜在的杀人犯。（1909 届毕业生、美国四星上将乔治·巴顿）

（3）一个战场指挥官假如不执行和维护纪律，那就是潜在的杀人犯；指挥官的放肆言辞是锻炼部队的手段之一，没有粗俗劲儿就是无法指挥军队。（1909 届毕业生、美国四星上将乔治·巴顿）

（4）规则和纪律一定要遵守，但这绝不应该成为你墨守成规的借口。（1981 届毕业生、Compass 集团总裁约翰·克理斯劳）

3. 关于细节

（1）避免一切小小的失误，就能减少巨大的意外挫折。（1843 届毕业生、美国第 18 任总统格兰特）

（2）每一个细节背后都蕴含了伟大的力量。（1916 届毕业生、美国第 34 任总统艾森豪威尔）。

（3）细枝末节最伤脑筋。（西点前校长潘莫）

（4）要想做大事，首先要能够处理小事才行，而且全力以赴。去攻击你的目标，永远不要撤退，至少要下定决心不要撤退。因为战争只有三个原则：大胆！大胆！大胆！（1909 届毕业生，美国四星上将乔治·巴顿）

（5）最聪明的人设计出来的最伟大的计划，执行的时候还是必须从小处着手，整个计划的成败取决于这些细节。（西点前校长潘莫）

4. 关于荣誉

（1）责任、荣誉、国家。这三个神圣的名词庄严地提醒你应该成为怎样的人，可能成为怎样的人，一定要成为怎样的人。（1901 年毕业生道格拉斯·麦克阿瑟）

（2）虚荣的人注视着自己的名字，伟大的人则注视着自己的事业以及自己的国家。（第一个太空行走者怀特）

（3）进入西点，是一种荣誉，更是一种挑战。（1843 届毕业生，美国第 18 任总统格兰特）

（4）恪尽职守的精神比个人的声望更重要。（西点名言）

（5）每个学员无论在什么地方，无论在什么时候，无论穿军装与否，也无论是在担任警卫、值勤还是进行私人活动，都有义务、责任履行自己的职责和义务。——西点《学员章程》

5. 关于合作

（1）不论多强大的士兵都无法战胜敌人的围剿，但我们联合起来就可以战胜一切困难，就像行军蚁一样把阻挡在眼前的一切障碍消灭掉。（1982 届西点军校毕业生西尔斯公司管理者罗伯特·伍德）

（2）每个人都是你的老师。（西点军校成立之命令签署人托马斯·杰弗逊总统）

（3）英雄后面是一大堆支持他的勇士，世界上从来就没有“孤独英雄”，我们能够驰骋战场，因为我们背后是伟大的祖国。（1964 届毕业生东方航空公司总裁法兰克·波曼）

（4）很难想象，在列队的时候不干脆利落的一群人，打起仗来能够把自己和乌合之众区别开来。（1899 届毕业生、美国五星上将道格拉斯·麦克阿瑟）

（5）除了要克服来自生活的阻力，还要能够容忍别人偶尔不友好的态度。（西点校友马克斯韦尔·D. 勒将军）

6. 关于领导

（1）西点军校所致力的教育目标，不仅是培训一流军官，而且是把一流的年轻人培养成真正的男子汉，培养成未来的全方位的领导人。（西点前校长伊·L. 班尼迪克）

（2）一个人想要征服世界，首先要战胜自己。（西点著名学者和教官约翰·阿比札伊德中将）

（3）成功的卓越的领导者必须有自己独特的思考方式，在遇到阻力的时候，必须有自信。（1916 届毕业生，美国第 34 任总统艾森豪威尔）

（4）西点军校的传统美德就是以上司为榜样，学员能够把学长看成自己的老师，我们所要学习的对象就在我们眼前，指挥官绝对是我们的榜样，我们严格遵守上级给我们的一切命令，绝对服从，这是一个合格军人的天职。（1948 届毕业生 ITT 公司总裁阿拉斯考格）

7. 关于学习

（1）每个人所受教育的精华部分，就是他自己教给自己的东西。（西点前校长 A.L. 米尔斯）

（2）才能出众者，才堪担当重任。而努力学习，刻苦训练，是获得才能的唯一途径。（1916 届毕业生、美国第 34 任总统艾森豪威尔）

（3）闲暇时光如果不用来读书，以累积发展自我的力量，而在无所事事中任其流逝，是非常可惜的。（西点前学员团团长麦康尼夫）

（4）年轻人需要的不只是学习书本上的知识，也不只是聆听他人种种的指挥，而是要加强一种敬业精神，对上级的托付立即采取行动，全心全意完成任务。（西点著名校友艾尔伯特 · 哈伯特）

（5）训练时多流一加仑汗，战场上少流一加仑血。（1909 届毕业生、美国四星上将乔治 · 巴顿）

（6）在人生的战场上，幸运总是光临到能够努力奋斗抢占先机的人身上。（1890 届西点毕业生、西点前校长弗雷德·W. 斯莱登）

（7）有知识素养、善于思考和处事灵活的士兵，才是最有价值的士兵。在西点任教，不仅使我的洞察力更为敏锐，也大大开阔了我的视野和心胸，令我变得成熟。那些年，我开始认真读书，研究军事历史和人物传记，从前人的错误中学到了很

多东西。（1915 年毕业生、美国陆军五星上将布莱德雷）

（8）不管你有多么伟大，你依然需要提升自己，如果你停滞在现有的水平上，事实上你是在倒退。（西点第一任校长、著名政治家、科学家乔纳林 · 威廉斯）

（9）每个人都是你的老师。（西点军校成立之命令签署人——托马斯 · 杰弗逊）

8. 关于坚持

（1）作为男人，只有对艰苦和严格习以为常，在困难面前才能够尽职尽责。（1909 届毕业生、美国四星上将乔治·巴顿）

（2）能否多坚持一分钟，是人才和平庸之徒的分水岭。（西点著名学员、巴拿马运河总工程师戈瑟尔斯）

（3）信心和毅力，比西点军校的毕业证书更重要。（西点前校长克利斯曼中将）

（4）强烈的成功欲望会使一个人忘记一切苦痛，迎来成功的一天。（1963 届毕业生、著名作家爱伦 · 坡）

（5）在这个世界，没有什么比“坚持”对成功的意义更大。（1916 届毕业生、美国第 34 任总统艾森豪威尔）

（6）忍耐是人生过程中任何人都要承受的、最困难的一件事。（1915 年西点军校毕业生、美国陆军五星上将布莱德雷）

（7）以顽强的毅力和百折不挠的奋斗精神去迎接生活中的各种挑战才能够免遭淘汰。（西点著名校友、国际银行前主席奥姆斯特德）

（8）努力不懈，是奔向梦想和目标的唯一坦途。（西点校友、著名企业家威廉·日·富兰克林）

9．关于挫折

（1）遭遇挫折并不可怕，可怕的是因挫折而产生对自己能力的怀疑。只要精神不倒，敢于放手一搏，就有胜利的希望。（西点前校长伊·L. 班尼迪克）

（2）如果你用渡过最艰苦时刻的状态去应付现在的话，你将会很快渡过面前的这个难关。（1973 年毕业生、经营管理顾问考克斯）

（3）失败的原因往往不是能力低下，力量薄弱，而是信心不足，还没有上场，就败下阵来。（西点校友、著名学者班杰明·S. 尤厄尔）

（4）不正面迎向恐惧，就得一生一世躲着它。（西点校友、国际银行主席奥姆斯特德）

（5）重要的不是到底发生了什么不幸的事，而是你如何看待它们。（西点校友、美国前国务卿黑格）

（6）没有谁的人生一帆风顺，任何人都会遭逢厄运。积极的心态和顽强的努力，会让你解决任何难题。（西点校友、莱利斯·格罗夫斯准将）

（7）不论碰到什么障碍和困难，你都可以尝试把它成功地进行到底。（1952 届毕业生、美国军火大王杜邦）

（8）不要沉沦，在任何环境中你都可以选择奋起。（西点

名言）

10. 关于原则

（1）非常情况下能否坚持原则，常常是判断一个人道德水准的重要依据。（1843 届毕业生，美国第 18 任总统格兰特）

（2）在好规则面前，懂得捍卫和遵守，生活中才会享受更多的明媚阳光。（西点校友、巴拿马运河总工程师乔治·W. 戈瑟尔斯）

11. 关于自由

（1）一个能自制的思想，是自由的思想，自由便是力量！有时，为了获得真正的自由，必须暂时尽力约束自己。（1915 年毕业生、美国陆军五星上将布莱德雷）

（2）如果任凭感情支配自己的行动，那便会使自己成为感情的奴隶。一个人，没有比被自己的感情奴役更不自由的了。（1971 届毕业生汤姆斯 · 梅兹中将）

12. 关于信念

（1）信念不坚定，难有大的作为。（1901 年毕业生道格拉斯 · 麦克阿瑟）

（2）要迅速地、无情地、勇猛地、无休止地进攻。（1909 届毕业生、美国四星上将乔治 · 巴顿）

（3）处于现今这个时代，如果说“做不到”，你将经常站在失败的一边。（西点前校长克里斯夏中将）

（4）要战胜别人，首先须战胜自己。（西点校友、著名工程学家蒙哥马利 · C. 梅格斯）

（5）信心与意志是一种心理状态，是一种可以用自我暗示诱导和修炼出来的积极的心理状态，（西点校友、天才画家詹姆斯 · A.M. 惠斯勒）

（6）环境不是不可改变的，只要你不是自怨自艾或垂头丧气，而是以顽强的信念，为自己创造更炫耀的前程。（1899届毕业生、美国五星上将麦克阿瑟）

（7）追求享乐和怠惰谁都会，能够战胜它们的人才堪称强者。（西点校友多克 · 赖德）

（8）有时候，阻碍我们成功的主要障碍，不是能力的大小，而是我们的心态。（西点第一任校长威廉斯）

（9）若想在自己的内心建立信心，即应像洒扫街道一般，首先将相当于街道上最阴湿黑暗之角落的自卑感清除干净，然后再种植信心，并加以巩固。（西点校友、天才画家詹姆斯·M. 惠斯勒）

13. 关于问题

（1）为了更好地解决问题，你不仅要助手，也需要对手。（1899 届毕业生、美国五星上将麦克阿瑟）

（2）重要的不是到底发生了什么不幸的事，而是你如何看待它们。（西点著名学子、美国前国务卿黑格）

（3）习惯性拖延的人常常也是制造诸多借口与托辞的专家。如果你存心拖延、逃避，你自己就会找出成千上万个理由来辩解为什么不能够把事情完成。（1915 年毕业生、美国五星上将布莱德雷）

14．关于创新

（1）“没有办法”或“不可能”使事情画上句号，“总有办法”则使事情有突破的可能。（西点军校教官约翰·哈利）

（2）敢于突破既有经验，常常会在绝境逢生。（西点军校教官班杰明·斯帝克）

（3）勤于动脑、敢于创新的人，才能争取到主动。（西点军校毕业生、美国线上前首席执行官詹姆斯·金姆塞）

（4）宁可花费很大力气而不肯动脑的人，是另一种意义上的懒汉。（1971年西点毕业生、著名企业家杰夫·钱彼恩）

（5）不仅要达到目的，还要注意方法。（1915年西点军校毕业生、美国五星上将布莱德雷）

（6）灵活运用各种战术，在最短时间内给敌人造成最大伤亡和破坏。（1909届毕业生、美国四星上将乔治·巴顿）

（7）“不可能”只存在于你的心中，只要你能超越自己的心理极限，你会发现做什么事情都游刃有余，正是这一点成就了百年西点。（西点工程学院乔治·S. 格林）

（8）规则和纪律一定要遵守，但这绝不应该成为你墨守成规的借口。（1987届毕业生、Compass集团总裁约翰·克理斯劳）

15．关于热情

（1）危险是什么？危险就是让弱者逃跑的噩梦，危险也是让勇者前进的号角。对军人来说，冒险是一种最大的美德。（52届毕业生、军火大王亨利·杜邦）

（2）西点学员把真挚、乐观的精神和不屈不挠的毅力当作走向成功的磁石。因此，无论将来从事什么职业，都会用全部的热忱去努力。（西点毕业生、莱顿上将）

（3）热忱源自内心，它不是虚伪的表象。热忱使人充满了魅力和感染力。在一个积极有为的人面前，纵然是坚冰也不再冷漠。（1963 届毕业生、著名作家爱伦·坡）

（4）热情的态度是做任何事的必要条件。任何学员，只要具备了这个条件都能获得成功。（西点毕业生赛尔西奥·齐曼将军）

（5）只有在行动中，我们才会感觉到生命的悸动，才能让生命具有价值，才可以得到衣食住行的保障，也可以变得智慧、勇敢、坚毅和高尚起来。（1915 年毕业生、美国五星上将布莱德雷）

（6）你有信仰就年轻，疑惑就年老。有自信就年轻，畏惧就年老。有希望就年轻，绝望就年老。岁月刻蚀的不过是你的皮肤，但如果失去了热忱，你的灵魂就不再年轻。（1899 届毕业生、美国五星上将麦克阿瑟）

16. 关于执行

（1）一个行动胜过一打计划。（1916 届毕业生，美国第 34 任总统艾森豪威尔）

（2）西点学员中，有很多人都是“没有任何借口”这一理念最完美的执行者和诠释者，都能能够秉持着“没有任何借口”这一行为准则。（西点校友罗文上校）

附 录

一、麦克阿瑟将军82岁时在西点的演说[①]

今天早晨，当我走出旅馆时，看门人问到：“将军，您上哪去？”一听说我要去西点，他说：“那是个好地方，您从前去过吗？”

这样的荣誉，没有人不深受感动。长期以来，我从事这个职业，又如此热爱这个民族，能获得这样的荣誉简直使我无法表达我的感情。然而，这种奖赏主要并不意味着对个人的尊崇，而是象征一个伟大的道德准则——捍卫这块可爱土地上的文化与古老传统的那些人的行为与品质的准则。这就是这个大奖章的意义。无论现在还是将来，它都是美国军人道德标准的一种体现。我一定要遵循这个标准，结合崇高的理想，唤起自豪感，同时始终保持谦虚。

责任、荣誉、国家。这三个神圣的名词庄严地提醒你应该成为怎样的人，可能成为怎样的人，一定要成为怎样的人。它们将使你精神振奋，在你似乎丧失勇气时鼓起勇气，似乎没有理由相信时重建信念，几乎绝望时产生希望。遗憾得很，

---

① 摘自麦克阿瑟《老兵不死》中文版。

我既没有华丽的词令、诗意的想象，也没有巧妙的隐喻向你们说明它们的意义。怀疑者一定要说它们只不过是几个名词，一句口号，一个浮夸的短词。每一个迂腐的学究，每一个蛊惑人心的政客，每一个玩世不恭的人，每一个伪君子，每一个惹是生非之徒，很遗憾，还有其他个性不甚正常的人，一定企图贬低它们，甚至对它们进行愚弄和嘲笑。

但这些名词确能做到：塑造你的基本特性，使你将来成为国防卫士；使你坚强起来，认清自己的懦弱，并勇敢地面对自己的胆怯。它们教导你在失败时要自尊，要不屈不挠；胜利时要谦和，不要以言语代替行动，不要贪图舒适；要面对重压和困难，勇敢地接受挑战;要学会巍然屹立于风浪之中，但对遇难者要寄予同情；要先律已而后律人；要有纯洁的心灵和崇高的目标；要学会笑，但不要忘记怎么哭；要向往未来，但不可忽略过去；要为人持重，但不可过于严肃；要谦虚，铭记真正伟大的纯朴，真正智慧的虚心，真正强大的温顺。它们赋予你意志的韧性，想象的质量，感情的活力，从生命的深处焕发精神，以勇敢的姿态克服胆怯，甘于冒险而不贪图安逸。它们在你们心中创造奇妙的意想不到的希望，以及生命的灵感与欢乐。它们就是以这种方式教导你们成为军人和君子。

你所率领的是哪一类士兵？他可靠吗？勇敢吗？他有能力赢得胜利吗？他的故事你全都熟悉，那是一个美国士兵的

故事。我对他的估价是多年前在战场上形成的，至今没有改变。那时，我把他看作是世界上最高尚的人；现在，我仍然这样看他。他不仅是一个军事品德最优秀的人，而且也是一个最纯洁的人。他的名字与威望是每一个美国公民的骄傲。在青壮年时期，他献出了一切人类所赋予的爱情与忠贞。他不需要我及其他人的颂扬，因为他已用自己的鲜血在敌人的胸前谱写了自传。可是，当我想到他在灾难中的坚忍，在战火里的勇气，在胜利时的谦虚，我满怀的赞美之情不禁油然而生。他在历史上已成为一位成功爱国者的伟大典范；他在未来将成为子孙认识解放与自由的教导者；现在，他把美德与成就献给我们。在数十次战役中，在上百个战场上，在成千堆营火旁，我亲眼看到他坚韧不拔的不朽精神，热爱祖国的自我克制以及不可战胜的坚定决心，这些已经把他的形象铭刻在他的人民心中。从世界的这一端到另一端，他已经深深地为那勇敢的美酒所陶醉。

当我听到合唱队唱的这些歌曲，我记忆的目光看到第一次世界大战中步履蹒跚的小分队，从湿淋淋的黄昏到细雨蒙蒙的黎明，在湿透的背包的重负下疲惫不堪地行军，沉重的脚步深深地踏在炮弹轰震过的泥泞路上，与敌人进行你死我活的战斗。他们嘴唇发青，浑身污泥，在风雨中战斗着，从家里被赶到敌人面前，许多人还被赶到上帝的审判台前。我不了解他们生得高贵，可我知道他们死得光荣。他们从不犹豫，

毫无怨恨，满怀信心，嘴边叨念着继续战斗，直到看到胜利的希望才合上双眼。这一切都是为了它们、责任、荣誉、国家。当我们蹒跚在寻找光明与真理的道路上时，他们一直在流血、挥汗、洒泪。20年以后，在世界的另一边，他们又面对着黑黝黝肮脏的散兵坑、阴森森恶臭的战壕、湿淋淋污浊的坑道，还有那酷热的火辣辣的阳光、狂暴的倾盆大雨、荒无人烟的丛林小道。他们忍受着与亲人长期分离的痛苦煎熬、热带疾病的猖獗蔓延、作战地区的恐怖情景。他们坚定果敢的防御，他们迅速准确的攻击，他们不屈挠的目的，他们全面彻底的胜利——永恒的胜利——永远伴随着他们最后在血泊中的战斗。在战斗中，这些面色苍白憔悴的人们的目光始终庄严地跟随着责任、荣誉、国家的口号。

这几个名词包含着最高的道德准则，并将经受住任何为提高人类道德水准而传播的伦理或哲学的检验。它所提倡的是正确的事物，它所制止的是谬误的东西。高于众人之上的战士要履行宗教信仰的最伟大行为——牺牲。在战斗中，面对着危险与死亡，他显示出造物主按照自己意愿创造人类时所赋予的品质。只有上帝能帮助他、支持他，这是任何肉体的勇敢与动物的本能都代替不了的。无论战争如何恐怖，招之即来的战士准备为国捐躯是人类最崇高的进化。现在，你们面临着一个新世界——一个变革中的世界。人造卫星进入星际空间。卫星与导弹标志着人类漫长的历史进入了另一个时代——太空时代。自然科学告诉我们，在50亿年或更长的时期中，地球形成了;300万年或更长的时期中，人类形成了;人类历史还不曾有过一次更巨大、更令人惊讶的进化。我们不单要从现在这个世界，而且要从无法估算的距离，从神秘莫测的宇宙来论述事物。我们正在认识一个崭新的无边无际的世界。我们谈论着不可思议的话题：控制宇宙的能源；让风力与潮汐为我们所用；创造空前的合成物质以补充甚至代替古老的基本物质；净化海水以供我们饮用；开发海底以作为财富与食品的新基地；预防疾病以使寿命延长几百岁；调节空气以使冷热、晴雨分布均衡；登月宇宙飞船；战争中的主要目标不仅限于敌人的武装力量，也包括其平民；团结起来的人类与某些星系行星的恶势力的最根本矛盾；使生命成为有史以来最扣人心弦的那些梦境与幻想。

为了迎接所有这些巨大的变化与发展，你们的任务将变得更加坚定而不可侵犯，那就是赢得战争的胜利。你们的职业要求你们在这个生死关头勇于献身，此外，别无所求。其余的一切公共目的、公共计划、公共需求，无论大小，都可以寻找其他办法去完成；而你们就是受训参加战斗的，你们的职业就是战斗——决心取胜。在战争中最明确的目标就是为了胜利，这是任何东西都代替不了的。假如你失败了，国家就要遭到破坏，因此，你的职业唯一要遵循的就是责任、荣誉、国家。其他人将纠缠于分散人们思想的国内外问题的争论，可是你将安详、宁静地屹立在远处，作为国家的卫士，作为国际矛盾怒潮中的救生员，作为硝烟弥漫的竞技场上的格斗士。一个半世纪以来，你们曾经防御、守卫、保护着解放与自由、权利与正义的神圣传统。让平民百姓去辩论我们政府的功过：我们的国力是否因长期财政赤字而衰竭，联邦的家长式传统是否势力过大，权力集团是否过于骄横自大，政治是否过于腐败，犯罪是否过于猖獗，道德标准是否降得太低，税是否提得太高，极端分子是否过于偏激，我们个人的自由是否像应有的那样完全彻底。这些重大的国家问题与你们的职业毫不相干，也无须使用军事手段来解决。你们的路标——责任、荣誉、国家，比夜里的灯塔要亮 10 倍。

你们是联系我国防御系统全部机构的纽带。当战争警钟敲响时，从你们的队伍中将涌现出手操国家命运的伟大军官。还从来没有人打败过我们。假如你也是这样，上百万身穿橄榄色、棕色、蓝色和灰色制服的灵魂将从他们的白色十字架下站起来，以雷霆般的声音喊出那神奇的口号——责任、荣誉、国家。

这并不意味着你们是战争贩子。相反，高于众人之上的战士祈求和平，因为他忍受着战争最深刻的伤痛与伤疤。可是，我们的耳边经常响起那位大智大慧的哲学之父柏拉图的警世之言：“只有死者才能看到战争的终结。”

我的生命已近黄昏，暮色已经降临。我过去的音调与色彩已经消失，它们已经随着往事的梦境模糊地溜走了。往日的回忆是非常美好的，是以泪水洗涤，以昨天的微笑抚慰的。我渴望但徒然地聆听着远处那微弱而迷人的起床号声，和那咚咚作响的军鼓声。在梦境里，我又听到隆隆的炮声，噼啪的步枪射击声，战场上古怪而悲伤的低语声。然而，在我黄昏的记忆中，我总是来到西点，耳边始终回响着：责任、荣誉、国家。

今天是我对你们的最后一次点名。但我希望你们知道，当我死去时，我最后自然想到的一定是你们这支部队——这支部队——这支部队。我向你们告别了。

二、小布什总统 2003 年在西点的演说①

每届西点军校毕业生都受命服务于武装力量。有几届西点毕业生还被赋予历史使命，响应国家的伟大新召唤。

珍珠港事件后半年，马歇尔将军在这里对 1942 年的毕业班说：“我们决心在这场可怕的斗争结束前，我们的国旗将被全世界公认为既是自由，也是压倒一切的力量的象征。”那年毕业的军官帮助完成了该项使命，击败了日本和德国，而后又将那些国家改造为盟国。20 世纪 40 年代的西点毕业生目睹了一场新的殊死挑战的来临，即帝国共产主义的挑战，并且从朝鲜到柏林、到越南以及在冷战中始终与其针锋相对。当斗争即将结束时，许多西点毕业的军官依然健在，看到了一个改观的世界。

① 摘自美国白宫网站。

历史也对你们这一代人发出了召唤。在你们军校生活的最后一年中，美国遭受了残酷无情和诡计多端的敌人的袭击。你们是在战争时期从这所军事学校毕业，成为强大而光荣的美国军队中的一员。我们对恐怖主义的战争才刚刚开始，且在阿富汗已初战告捷。

我为根据我的命令而战斗的男女战士倍感骄傲。美国衷心感谢所有为自由事业服务和为捍卫自由而献身的人。我们国家尊重和信任我们的军队，我们对你们将赢得的胜利充满信心。

这场战争充满无法预见的曲折。然而，我可以肯定：无论我们高举国旗到何处，它不仅代表我们的力量，也代表自由。我们国家的事业历来比保卫国家更为宏大。我们一如既往地为正义的和平而战。

那是有利于人类自由的和平。我们决心保卫和平免受来自恐怖分子和专制暴君的威胁。我们决心通过与大国建立良好关系以维护和平。我们还决心鼓励在各大洲建立自由和开放的社会，以拓展和平。

创建这种正义的和平是美国的机遇，也是美国的义务。从今天起，这也是对你们的挑战，而我们将携手并肩来迎接这个挑战。你们将穿上一个伟大而独特的国家的军装。美国没有帝国边疆可扩展，也没有乌托邦可建立。我们只希望他人获得我们自己希望得到的：远离暴力的安全、自由赋予的奖赏和对更美好生活的期望。

在保卫和平方面，我们面临一种史无前例的威胁。过去的敌人为使美国人民和我们的国家处于危险境地需要强大的军队和工业能力，而“9·11”恐怖袭击只需要几十个受蛊惑的邪恶之徒掌握的几十万美元。他们制造混乱和苦难所用的开支比一辆坦克的成本还低得多。这危险尚未过去，美国政府和美国人民仍处于警戒状态，我们有所准备，因为我们知道恐怖主义分子还有钱、还有人，也还有阴谋。

自由所面临的最严重威胁来自激进主义和技术的危险结合。一旦化学、生物和核武器及弹道导弹技术扩散，即使是弱国和小规模集团也能获得打击强国的灾难性力量。我们的敌人已经宣布了这一意图，并已经被发现正企图获得这些可怕的武器。他们想要获得讹诈我们、伤害我们，或伤害我们朋友的能力，而我们将竭尽全力予以抗衡。

在20世纪的大部分岁月中，美国的国防以冷战时期的威慑与遏制政策为基础。有些情况下，那些战略仍然适用。但新的威胁也要求有新的思路。威慑，即用大规模报复性打击来要挟他国，但对没有国家或公民可防卫、鬼影般的恐怖主义网络而言毫无意义。丧失了理性并掌握大规模杀伤性武器的独裁者能用导弹发射那些武器或将它们秘密提供给其恐怖主义盟友，遏制也是不可能的。

我们不能以乐观的期望来保卫美国和我们的朋友。我们不能信赖暴君们的话，他们庄严地签署了防扩散条约，而后又有步骤地撕毁它。如果我们任凭威胁完全成为事实，那就为时已晚了。

国土保卫和导弹防御是更强大的安全体系的组成部分，它们是美国至关重要的优先选择。然而，反恐战争不能靠防御取胜。我们必须把仗打到敌人那里、扰乱它的计划、在最严重的威胁出现之前就予以迎头痛击。在我们已经置身其中的世界里,通向安全的唯一道路就是行动。我们国家决心行动。

我们的安全需要最可靠的情报，以揭露藏匿在洞穴中和滋长在实验室中的威胁；我们的安全需要联邦调查局等国内机构现代化，以便随时并迅速采取行动，应对危险。我们的安全需要改变你们即将领导的军队，使其成为一支随时准备在接到命令后能在全球任一黑暗角落实施打击的军队。我们的安全也需要所有美国人高瞻远瞩、坚定不移，在需要保卫我们的自由和生命时做好先发制人的准备。

眼前的任务困难重重。我们将面临的选择错综复杂。我们必须动用各种金融、情报和执法手段在60多个或更多的国家中挖掘出恐怖分子的巢穴。与我们的朋友和盟国一起，我们必须根据需要，反对大规模杀伤性武器扩散并对抗支持恐怖主义的政权。有些国家为打击恐怖主义需要进行军事训练，我们将提供支援。有些国家虽然反对恐怖主义，却容忍导致恐怖主义的仇恨，这必须改变。我们将向有需要的地方派遣外交人员；我们还将派遣你们——我们的战士——去需要你们的地方。

所有赞同侵略和恐怖行动的国家将为此付出代价。我们决不会将美国的安全和世界的和平任由一小撮疯狂的恐怖分子和暴君摆布。我们决心除掉对我们国家和世界的险恶威胁。

由于反恐战争需要决心和耐心，因此它也需要有坚定的道义目标。在这方面,我们的斗争与冷战无异。与冷战时一样，如今我们的敌人仍是怀有无视人类尊严的权力信念的极权主义者；与冷战时一样，如今他们仍企图将没有欢乐的顺从强加给人们，并支配每个生命和全部生活。

美国曾以外交、经济和军事等多种不同方式对抗帝国共产主义，但明确的道义目标是我们在冷战中取胜的关键。当约翰·F.肯尼迪和罗纳德·里根等领袖拒绝掩饰暴君的残酷时，他们给被监禁者、持不同政见者和被流放者带去了希望，并把自由国家团结在一个伟大事业中。

有人担心谈论是非多少有些不策略或不礼貌。我不同意。不同的情况要求不同的方法，但不是不同的道义标准。任何文明、任何时代、任何地方的道义真理都是相同的。谋杀无辜平民在任何地方都永远是不对的；凶残地对待妇女在任何地方都永远是不对的。正义与残暴、无辜者与有罪者之间无中立可言。我们处于善恶冲突中，美国直斥邪恶。对抗邪恶和无法无天的政权中，我们没有制造问题，而是揭露了问题。

我们将领导世界与邪恶抗衡。

在我们保卫和平的同时，也出现了维护和平的历史机遇。这是自 17 世纪民族国家出现以来，我们建立一个强国之间和平竞争而非备战的世界的最好时机。尤其是 20 世纪的历史被一系列在全球留下战场和坟场的毁灭性国家对抗所主宰。德国与法国交战、轴心国与同盟国交战，而后是在核决战背景下东方通过傀儡战争和紧张对峙状态与西方争斗。大国间的竞争在所难免，但在当今世界里武装冲突却并非不可避免。日趋普遍的是文明国家意识到我们都属于同一边。恐怖主义暴力和混乱的共同危险将我们团结起来。美国拥有并意欲继续保持首屈一指的军事力量，从而使曾在其他时期出现的破坏稳定的军备竞赛失去意义，并使竞争限于贸易和其他追求和平的事业上。

今天，大国因共同的价值观而日趋团结，而非由于意识形态的冲突而四分五裂。美国、日本和我们在太平洋地区的盟友，以及当今所有欧洲国家都对人类的自由许下了重大的承诺，这体现在像北大西洋公约组织这样的强大同盟中。此外，在其他许多国家，自由的浪潮日益高涨。

西点军校毕业的几代军官曾为与苏联作战而策划和演练过。我刚从一个新的俄罗斯回来，如今它是一个追求民主的国家，是我们反恐战争的合作伙伴。甚至在中国，领导人也发现经济自由是国家财富的唯一持久源泉。迟早他们会发现

社会和政治自由是国家强盛的唯一真正源泉。

大国有了共同的价值观，我们就能更好地并肩对抗严重的区域性冲突,更好地合作防止暴力或经济混乱的蔓延。过去，对抗的大国在棘手的区域性问题上各自支持一方，使分裂加剧并更趋复杂。而今天，从中东到南亚，我们正在为增加促进和平的压力而建立广泛的国际联合。我们必须在时机良好时建立强有力的大国关系，以便在时机逆转时有助于处理危机。美国需要维护和平的伙伴，而我们将与每一个怀有这一崇高目标的国家携手合作。

最后我要说的是，美国不只是主张没有战争。我们拥有对美好未来的盼望，期待消除世界的贫困、压制和愤懑，以此推进正义的、和平的伟大机遇。在历史的大部分岁月里，贫困是个持久、无法摆脱和几乎无处不在的问题。在过去几十年中，我们看到从智利到韩国这样的国家建立起了现代化经济和更为自由的社会，将数百万人从绝望和贫困中解救出来。这样的成就众所周知。

20 世纪以人类进步的唯一幸存的模式而终结，这种模式以人类尊严、法治、限制国家权力、尊重妇女、尊重私有财产、言论自由、司法公正和宗教宽容等不可商榷的要求为基础。美国不能将这一见解强加于人，然而我们能够支持和报答为其人民作出了正确选择的政府。通过经济援助、外交努力、国际广播和教育援助，美国将促进节制、宽容和人权。我们将捍卫使所有进步成为可能的世界和平。

说到人类的共同权利和需求，这里不存在文明的冲突。自由的标准完全适用于非洲、拉丁美洲和整个伊斯兰世界。伊斯兰国家人民要求并理应享有所有国家人民享有的同样的自由和机会。他们的政府应该倾听他们的愿望。

一个真正强大的国家会允许以非暴力手段追求其抱负的群体通过合法渠道表达其不同政见。一个前进中的国家会努力实现经济改革，以释放人民的巨大创业能量。一个蓬勃发展的国家会尊重妇女的权利，因为没有一个社会能在剥夺了一半公民的机会的情况下繁荣昌盛。伊斯兰世界和全世界的母亲、父亲和孩子们有着共同的恐惧和渴望。在贫困中他们挣扎。在暴政下他们受苦。并且正如我们在阿富汗看到的那样，在解放中他们欢呼。

美国有比控制威胁和遏制愤懑更伟大的目标。我们将努力创造一个超越反恐战争的正义与和平的世界。

三、奥巴马总统2009年在西点的演说[①]

晚上好，美国军校的学员们、男女将士们、同胞们：

今晚我想和你们谈一谈我们在阿富汗的行动——我们对该地区的承诺的性质、我们的利益范畴，以及本届政府为赢得这场战争而实施的战略。能够在这里发表此番讲话，我深

① 摘自http://www.homer_english.com/bbs.

感荣幸，因为西点军校有如此众多的男女学员随时准备挺身而出，捍卫我们的安全，展现我国最优秀的品质。

在探讨这些重要问题时，有必要回顾一下美国及其盟友最初被迫在阿富汗开战的原因。这场战争不是我们挑起的。2001 年 9 月 11 日，19 名男子劫持了 4 架飞机，并利用这 4 架飞机杀害了近 3000 名民众。他们撞击了我们的军事和经济的神经中枢。他们屠杀了无辜的男女老少，并不区分信仰、种族或社会地位。若不是其中一架飞机上的乘客采取了英勇的行动，他们还可能撞击我国民主制度在华盛顿的宏伟标志之一，并夺去更多人的生命。

我们知道，这些人是“基地”组织成员——这个由极端主义分子组成的组织歪曲并玷污了全世界伟大的宗教之一——伊斯兰教，以便为滥杀无辜寻找借口。“基地”组织的行动基地设在阿富汗，受到塔利班的庇护。塔利班是一个残酷无情、压制成性、极端激进的组织，在阿富汗多年遭受苏联占领和内战蹂躏后夺取政权，而当时我国和我国盟友的注意力已转向其他地区。

在“9·11”事件发生短短数日后，国会授权对“基地”组织和那些庇护该组织的人使用武力——这项授权至今依然有效。当时参议院的表决结果是 98 票对 0 票，众议院的表决结果是 420 票对 1 票。北大西洋公约组织有史以来首次实施第五条——该条规定对一个成员国的攻击应被视为对所有成员国的攻击。联合国安理会也支持采取一切必要行动，应对“9·11”袭击事件。我国、我国盟友及全世界采取一致行动，旨在摧毁“基地”恐怖主义组织网络，保卫我们的共同安全。

在这种国内团结和国际授权的形势下——而且是在塔利班拒绝交出乌萨马·本·拉登之后——我们派兵进入阿富汗。在短短几个月内，“基地”组织溃不成军，很多成员被击毙。塔利班被赶下台，狼狈逃窜。这个几十年来被恐怖所笼罩的地方看到了希望之光。在一次由联合国召集的会议上，组建了一个以哈米德·卡尔扎伊为总统的临时政府。同时建立了一支国际安全援助部队，以帮助这个遭受战争蹂躏的国家实现持久和平。

后来，在2003年年初作出了在伊拉克进行另一场战争的决定。围绕伊拉克战争展开的痛苦的辩论众所周知，无须在此重述。需要说明的是，在接下来的6年里，伊拉克战争占用了我们的主要兵力、资源、外交努力和全国的注意力——在伊拉克开战的决定还在美国和世界上许多国家之间造成了严重的裂痕。

今天，在付出巨大代价之后，我们正在以负责任的方式结束伊拉克战争。我们将在明年夏天结束之前撤出我们的作战部队，并到2011年年底撤出我国全部军队。我们的行动证明了我军男女将士的品格。由于他们的勇气、刚毅和坚忍，我们给伊拉克人民提供了一个决定自己的前途的机会，并将伊拉克完好地交还给伊拉克人民。

然而，当我们在伊拉克取得来之不易的重大成果时，阿富汗局势却出现恶化。“基地”组织头目在 2001 年和 2002 年越境逃窜到巴基斯坦后，在那里建立了一个藏身之地。阿富汗人民虽然选举出一个合法政府，但这个政府因腐败行为、毒品交易、欠发达的经济和力量不足的安全部队受到削弱。近几年来，塔利班与“基地”组织同流合污，他们共同谋求推翻阿富汗政府，同时还对巴基斯坦人民发起了日益猖獗、极具破坏性的恐怖主义攻击。

在这个时期，我国在阿富汗的驻军规模仅相当于在伊拉克的一小部分。在我就任总统时，驻扎在阿富汗的美军人数刚刚超过 32000 人,而伊拉克的美国驻军人数最多曾达到 160000 人。阿富汗驻军的指挥官多次请求增援，以反击卷土重来的塔利班，但始终未能如愿。因此，我在就职不久后便批准已提出多时的增兵请求。在同我国盟友进行磋商之后，我宣布了一项战略，阐明了我们在阿富汗的作战行动与极端主义分子在巴基斯坦的藏身地之间的重要联系。我制定了一个目标,具体而言便是“挫败、瓦解并战胜基地组织及其极端主义同伙 ”，并承诺更好地协调我们的军事及非军事行动。

从那时起，我们已经在一些重要目标上取得进展。“基地”组织和塔利班的一些重要头目被击毙，我们在世界范围内增大了对“基地”组织的压力。在巴基斯坦，该国军队发动了多年来最大的攻势。在阿富汗，我们和我们的盟友挫败了塔利班阻止选举总统的图谋。虽然选举中出现了舞弊现象，但通过选举产生了符合阿富汗法律和宪法的政府。

然而，巨大的挑战依然存在。阿富汗没有崩溃，但在数年里出现了倒退。政府没有面临被推翻的紧迫威胁，但塔利班的势力增大。“基地”组织在阿富汗并没有恢复到“9·11”之前的规模，但保持了他们在边境地区的藏身之地。我们的军队没有获得他们所需要的足够的支持，因此未能有效地训练阿富汗安全部队并与他们合作以更好地保护人民的安全。我们的新任阿富汗指挥官麦克里斯托尔上将报告说，安全局势比他预期的情况更加严重。要而言之：目前的状况无法维持。

作为军校学员，你们在这一危险时期自愿服役。你们之中有些人曾经在阿富汗作战，有些人将被派往那里。作为你们的总司令，我有责任向你们明确表述一项值得你们为之奉献的使命。因此，在阿富汗投票结束后，我坚持对我们的战略进行彻底审议。我希望在此明确表示：从来没有人提出过在2010年之前部署部队的方案，因此，在审议期间没有发生延误或拒绝提供必要战争资源的情况。相反，这次审议使我有机会提出一些难于回答的问题，并与我的国家安全班子、我们在阿富汗的军事和外交领导人，以及我们的重要伙伴讨论各种选择方案。此举事关重大，这也是我对我国人民和我们的军人所应承担的基本责任。

现在这项审议工作已经完成。作为武装部队总司令，我作出决定，为了捍卫至关重要的国家利益，向阿富汗增派30000名美国军人。18个月后，我们的部队将开始回国。这是我们为了掌握主动权所必需的资源，同时阿富汗的能力将得到加强，使我们的部队能够以负责任的方式离开阿富汗。

我并非轻易作出这个决定。我之所以反对伊拉克战争，正是因为我认为我们在使用武力方面必须慎之又慎，并且必须考虑到我们的行动可能产生的长期后果。我们已经进行了8年战争，承担了巨大的生命和资源损失。多年来，由于就伊拉克和恐怖主义争执不下，我们在国家安全问题上的意见难以统一，走向两个极端，以党派画线。美国人民刚刚经历了自大萧条以来最严重的经济危机，他们关注的核心问题是振兴经济，为本国老百姓创造就业机会，这不难理解。

最重要的是，我知道这项决定要求你们作出更大奉献——你们这些军人及你们的家人已经承受着最沉重的负担。身为总统，我签署了发给在这两场战争中失去亲人的每一个家庭的唁函。我阅读了那些奔赴疆场的官兵的父母、妻子发来的信件，在沃尔特里德医院看望了勇敢的伤员，并前往多佛迎接18名美国军人的覆盖着国旗的灵柩，迎接他们回到永久安息之地。我亲眼看到战争恐怖的代价。如果我不认为阿富汗关系到美国国家和人民的安全，我会乐意地命令我们的每一名军人明天就回国。

因此，我并非轻易作出这个决定。我之所以作出这个决定是因为我深信：阿富汗和巴基斯坦关系到我们的安全。这里是“基地”组织从事极端主义暴力活动的中心。正是在这里，他们发动了“9·11”袭击。正是在这里，就在我讲话的此时此刻，新的袭击正在策划之中。这不是无足轻重的风险，也不是假想的威胁。就在过去几个月里，我们在我们的国界之内拘捕了极端主义分子，他们被从阿富汗和巴基斯坦的边境地区派来，执行新的恐怖行动。如果该地区走向倒退，“基地”组织能够为所欲为，这种危险只会增大。我们必须保持对“基地”组织的压力，要达到这一目标，我们就必须帮助该地区的伙伴国家增进稳定和能力。

当然，我们并非独自承受这个重担。这不只是美国的战争。自从“9·11”以来，从伦敦到安曼到巴厘的袭击均源于“基地”组织的藏身之地。阿富汗和巴基斯坦的人民和政府受到严重威胁。由于巴基斯坦拥有核武器，关系更加重大，因为我们知道“基地”组织和其他极端主义分子妄图获取核武器，我们有充分理由相信他们会使用这些武器。

这些事实迫使我们与我们的友邦和盟国共同行动。我们的最终目标依然没有改变：在阿富汗和巴基斯坦挫败、击溃并战胜“基地”组织，防止它在未来积聚力量，威胁美国和我们的盟国。

为了实现这一长期目标，我们将在阿富汗达到下列短期目标。我们必须清除“基地”组织的藏身之地。我们必须遏制塔利班的扩张势头，阻止它获得推翻政府的能力。我们还必须加强阿富汗安全部队和政府的能力，以便他们能够为阿富汗的未来承担主要责任。

我们将通过三个途径实现上述目标。

第一，今后 18 个月，我们将采取军事战略打击塔利班的气焰，增强阿富汗的实力。我今晚宣布增派的 30000 名军人将在 2010 年以最快的速度于上半年部署完毕，从而集中力量打击反叛活动，同时保障主要人口聚集地的安全。这部分兵力将增强我们的能力，有助于训练阿富汗安全部队，并且与他们协同努力，争取更多的阿富汗人参加作战。与此同时，他们也将为美国将责任转交给阿富汗创造条件。由于这是一次国际性行动，我已经要求我们的承诺应得到我们盟国的支持。有些盟国已经提供了部队，我们相信今后几天或几个星期里还将获得进一步的支援。我们的友邦已经和我们一起在阿富汗浴血奋战并遭受了人员的伤亡。现在，我们必须为顺利结束这场战争同心协力。因为关键不仅仅在于考验北约的信誉，关键也在于我们各盟国的共同安全，全世界的共同安全。以上新增的我军人员和国际部队共同努力，将有利于我们加快向阿富汗部队移交安全责任的工作，也可促使我们从 2011 年 7 月开始将我军陆续撤出阿富汗。正如我们在伊拉克采取的行动一样，我们将根据实地情况，以负责的态度实施过渡。

我们将继续为阿富汗安全部队提供咨询和协助，保证他们能够取得长期的成功。但是，很显然，对于阿富汗政府而言——同时，更重要的是，对阿富汗人民而言——他们将最终为自己的国家承担责任。

第二，我们将与我们的合作伙伴、联合国和阿富汗人民一起，采取更有效的民政方略，使阿富汗政府能够妥善利用安全形势的改善。这方面的工作必须以政绩为基础。只知道开空头支票的时代已经结束。卡尔扎伊总统的就职演说传达了正确的信息，提出了新的努力方向。今后，我们将表明，我们对接受我国援助的一方有哪些期待。我们将支持阿富汗各部、各省和各地方打击腐败和为民众谋福利的领导人。我们期望那些庸庸碌碌或贪污腐化的人罪责自负。我们还将要求我国援助的重点是能对阿富汗人民的生活立即产生效果的部门,如农业部门。阿富汗人民饱受暴力蹂躏已有数十年之久。他们曾有国土被占领的经历——苏联的入侵,然后是外来“基地”组织武装人员，这些人试图利用阿富汗的领土达到自己的目的。为此，今晚我希望阿富汗人民能够明白——美国是要结束这些战争和苦难的岁月。我们无意占领你们的国家。我们支持阿富汗政府向放弃暴力和尊重本国同胞人权的塔利班人员敞开大门。我们还希望在相互尊重的基础上与阿富汗建立伙伴关系——孤立那些采取破坏行为的人；支援那些从事建设的人；让我军撤出的日子早日到来；同时相互建立永恒的友谊，让美国成为你们的伙伴，永远不以庇护者的身份出现。

第三，我们采取行动之时将充分认识到我们在阿富汗的成功完全离不开我们与巴基斯坦的合作。我们在阿富汗是为了防止毒瘤再次向这个国家蔓延。但是这个同样的毒瘤已经在巴基斯坦边界地区扎根。正是出于这个原因，我们需要采取在双方边界地区都行之有效的战略。过去，巴基斯坦有人声称，打击极端主义分子不是他们的事，对采取暴力的人不闻不问或者求得相安无事，对巴基斯坦更有好处。但是近几年来，从卡拉奇到伊斯兰堡，无辜的民众遭受屠杀，巴基斯坦人民显然已意识到自己其实更容易受极端主义分子的危害。公共舆论发生了转变。巴基斯坦军队也在斯瓦特山谷和南瓦齐里斯坦向极端主义分子发起了进攻。毫无疑问，美国和巴基斯坦面临着共同的敌人。

以往，我们过于从狭隘的角度来界定我们与巴基斯坦的关系，但这种做法已经结束。从今以后，我们致力建立与巴基斯坦的合作关系，这种关系将建立在共同利益、相互尊重和相互信任的基础上。我们将增强巴基斯坦的能力，以打击威胁我们两国安全的团伙，并清楚地表明我们不能容忍谁为行踪已知而且企图明显的恐怖分子提供庇护所。美国还提供可观的资源以支持巴基斯坦的民主和发展，我们也是世界上为巴基斯坦战乱中的流离失所者提供援助最多的国家。展望未来，巴基斯坦人民可以相信：在枪声平息之后，美国仍会长期坚定地支持巴基斯坦的安全和繁荣，使其人民能够发挥自己的深厚潜力。

我们的战略包括三个要素：以军事行动创造移交所需的条件；增派文职人员以强化正面行动；与巴基斯坦建立有效的伙伴关系。我知道人们对于我们的方针顾虑重重。因此让我扼要回应几种不但听到，而且极为重视的主要论点。

首先，有人认为阿富汗是另一个越南。他们认为该国局势不可能稳定，因此我们最好减少损失，迅速撤军。我认为这种看法是基于错误的历史观。与越战不同的是，我们有一个认同我们行动合法性的、由 43 个国家组成的广泛同盟。而且，我们面临的不是一个受到民众广泛支持的叛乱。与越战相比最重要的区别在于，美国人民受到了来自阿富汗的恶意攻击，并且仍然面临在阿富汗边境地区进行谋划的同一伙极端分子的切实威胁。如果现在放弃该地区，只对“基地”组织发起远距离的对具体目标的打击，将严重妨碍我们对“基地”组织施加压力的能力，使我们的国家和盟友再度遭受攻击，这种风险是不可接受的。

其次，一些人认识到我们无法任由阿富汗停留在目前的状况，但是建议我们以现有的驻军向前推进。而这只会保持现状，让我们疲于应付，并造成局势缓慢恶化。这样做最终将需要付出更大的代价，并延长我们在阿富汗驻留的时间，

因为我们将永远无法创造必要的条件，训练阿富汗安全部队并使之能够从容地承接责任。

最后，有人反对我们制定一个将责任移交给阿富汗方面的时间表。的确，有些人要求我们的军事行动升级，增加强度而且不设定期限——让我们承诺以长达 10 年的时间投入该国的重建。我反对这条路线，因为它制定的目标超出了我们能够为之付出的合理代价，也超出了我们为保障自身利益而需要取得的结果。此外，如果不制定移交时间表，将会使我们在与阿富汗政府合作时丧失紧迫感。必须申明，阿富汗将要为自己的安全负起责任，美国无意在阿富汗打一场无休止的战争。

身为总统，我也拒绝制定超出我们的责任、能力或利益的目标。另外，我必须权衡我们国家面临的各种挑战。我不可能只应对一种挑战。的确，我谨记艾森豪威尔总统在提及我们的国家安全时所说的话：“对每项建议都必须进行更大范围的考量，即必须在每一个国家项目之内及各个项目之间保持平衡。”过去几年来，我们失去了那种平衡。我们没有注重国家安全与经济之间的联系。经济危机发生后，我们有太多朋友和邻居失去了工作，要为付账而挣扎，美国有太多人在为孩子的前途而忧心忡忡。与此同时，全球经济中的竞争日益激烈。因此，我们确实无法忽视这些战争的代价。

在我就任时，如果把一切开支计算在内，伊拉克战争和阿富汗战争的费用已接近 1 万亿美元。未来，我将致力于以公开和诚实的方式处理费用问题。我们在阿富汗的新战略在今年很可能会需要约 300 亿美元的军事开支。在我们努力降低我国赤字的同时，我将密切与国会共同努力解决这些费用问题。但是，随着我们逐渐缩小伊拉克战争的规模并向阿富汗移交责任，我们必须重新充实国力。

我国的繁荣是我国力量的基础。它支付我国的军事开支，资助我国的外交，开发我国人民的潜力，允许对新产业投资。它将使我们能够在 21 世纪的竞争中取得像 20 世纪那样的成功。因此，我们在阿富汗的驻军承诺不能没有期限，因为我最关心的还是我们本国的建设。

我希望明确表示：这一切都不容易。

打击暴力极端主义的斗争不可能很快结束，它远远超出阿富汗和巴基斯坦。它是对我们作为一个自由社会和我们在世界上的领导作用的长期考验。与决定 20 世纪的大国冲突和明晰的界线不同，我们的努力将触及骚乱的地区、瘫痪的国家和分散的敌人。

因此，美国必须以我们结束战争和防范冲突的方式——而不是以我们进行战争的方式——来表现我们的力量。我们在使用军事力量时必须灵活机动、精确无误。不管“基地”组织及其同伙企图在何处建立据点——无论是在索马里、也门还是其他地方——都必须以不断增强的压力和牢固的伙伴关系予以应对。

但是我们不能单靠我国的军事力量。我们必须为增进我国的国土安全而投入资源，因为我们不可能抓获或击毙每一个暴力极端主义分子。我们必须改进和更好地协调我们的情报工作，以便抢在地下网络的前面。

我们不能让大规模毁灭性武器落入敌手。这正是我把绝不让恐怖分子得到散落的核材料、制止核武器扩散和寻求实现无核世界的目标当作我外交政策的一个中心的原因。因为每一个国家都必须懂得，真正的安全绝不会来自无休止地进行毁灭力量日增的武器的竞赛——真正的安全将由拒绝使用这类武器的人获得。

我们必须展开外交，因为没有哪一个国家能够单独应对相互联系的世界的挑战。今年一年，我都在巩固我们的同盟并建立新的伙伴关系。我们与伊斯兰世界之间有了一个新的开端——即认识到我们的共同利益在于打破冲突的恶性循环并构筑一个未来，让捍卫和平繁荣与人类尊严者将屠杀无辜者置于孤立境地。

最后，我们必须汲取我们价值观的力量，我们面对的挑战可能有所改变，但我们坚定的信念不会改变。

因此，我们必须在国内以身作则，以此来推进我们的价值观——这就是我为什么禁止使用酷刑并将关闭关塔那摩湾的监狱。我们必须向世界各地生活在暴政阴影下的男女老少表明，美国将在人权问题上为他们代言，维护自由之光、正义、机会，以及对全人类尊严的尊重。这是我国的国格。这是美国威信的道义源泉。

从富兰克林·罗斯福时期开始，通过我们的祖父辈及其父辈的奉献与牺牲，我们的国家在全球事务中承担了特殊的重负。美国人在几个大洲的许多国家里洒下了鲜血。我们把收入用于帮助别人在废墟上重建他们的国家和发展他们的经济。我们与其他国家一道建立起一整套机构——包括联合国、北约和世界银行——保障了人类的共同安全与繁荣。

我们并非完美无缺，我们曾经犯过错误。但美利坚合众国在过去60年内为全球安全所承担的责任超过任何一个国家。在这一时期，尽管出现这样或那样的问题，但我们目睹了壁垒拆除、市场开放、数十亿人民脱离贫困、科学取得前所未有的进步、人类自由的前沿不断向前拓展。

与历代强国不同，我们没有追求世界霸权。我们的国家创建于反抗压迫的基础上。我们绝不会占领另一个国家。我们绝不会攫取另一个国家的资源或因为其他国家人民的信仰和种族与我们不同而把他们作为我们攻击的目标。我们过去和现在所追求的是让我们的子孙后代有一个更美好的未来；我们深信，如果其他民族的子孙后代能够生活在自由和机会之中，他们的生活将会更加美好。

我们作为一个国家已不再像罗斯福总统时代那么年

轻——可能也不再那么天真。然而我们依然是为争取自由而战的崇高使命的继承者，我们必须召唤我们所有的力量和道义的呼声应对新时代的各种挑战。

归根结底，我们的安全和主导作用不单单来自武力，还来自我们的人民——来自将重建我国经济的工人和工商企业；来自将创办新型工业的企业家和研究人员；来自对我们的子女进行教育的教师及国内为各社区工作的人们提供的服务；来自在国外传播希望的外交人员及和平志愿者；也来自我国的军人。他们体现了世世代代勇于牺牲的精神，使民有、民治、民享的政府在我们这个星球上实现。

如此广泛和多样的公民队伍不可能永远在每一个问题上都保持一致意见，我们也不应该如此。但我也知道，如果我们让最近一个时期以来毒化我们国家舆论的积怨、嘲讽和党派之争使我们自己处于四分五裂状态，那么我们作为一个国家就无法继续发挥国际主导作用，也无法面对我们这个时代的重大挑战。

人们很容易忘记，当这场战争开始时，我们勠力同心——当时我们刚刚经历了恐怖袭击，决心保卫我国国土和我们弥足珍贵的价值观的意志使我们同仇敌忾。我不接受我们无法再次弘扬团结精神的说法。我完全相信，我们——作为美国人——仍然能够为一个共同的目标同心协力。因为我们的价值观不仅是书写在羊皮纸上的文字——而且是召唤我们团结

一致，带领我们作为一个国家、一国之民接受最猛烈的暴风雨洗礼的一种信念。

美利坚——我们正在经历一个严峻考验的时代。我们在这些暴风骤雨中发出的呼声必须明确无误：我们的事业是正义的，我们的决心坚不可摧。我们将怀着正义产生力量的信心前进，同时致力于打造一个更安全的美国、更有保障的世界、一个不代表最深层的恐惧而是憧憬最崇高的希望的未来。谢谢大家。愿上帝保佑你们，愿上帝保佑美利坚合众国。

四、拜登副总统 2012 年在西点的演说（摘要）[①]

尊贵的客人们、官兵们、毕业班学员的亲友们、教职员们，尤其是即将在美国陆军服役的学员们：

我十分荣幸——十分荣幸——来到这个宏伟的校园，200 多年来，这里的毕业生几乎在我国史册上的每一个篇章都发挥了主导作用。

早在哈得孙河畔成立军事学院前，甚至早在美利坚合众国建国前，在独立战争的鏖战之时，乔治·华盛顿将军就将西点视作战略要地，将其称作“北美大陆的要冲”。

女士们、先生们，我要很恭敬地指出，如今，西点对我们的国家更加重要。聚集在这里的 1032 名学员是应对世界将面临的任何挑战的关键——是关键。

① 摘自美国白宫网站。

那个选择是你们这一届的座右铭："不仅仅为我们自己。"不仅仅为我们自己，想象一下，如果这个世界也持同样的理念将会怎样。

奥巴马总统责成我监督我国的伊拉克政策，并且，作为美国参议员及美国副总统，我在对阿富汗和伊拉克的多次访问中亲眼看到我国勇士们所完成的业绩，这是我一生中的殊荣之一。

奥巴马总统和我就职时就下定决心要负责任地结束伊拉克战争，如今我们的军队已经回国。

去年 12 月，经过了 9 年之久，我十分荣幸——十分荣幸地在我军离开伊拉克回国前夕，在巴格达站在他们面前。那天，我对他们说："你们发扬了美国最优良的传统，在完成使命后即将离开伊拉克。你们将带走的是你们的经历、你们的业绩及出色完成艰巨任务后的自豪感。"这就是美国的作为。

在阿富汗，奥巴马总统制定了明确的战略。我们的军官调整重心，加倍努力，致力于破坏、瓦解并最终摧毁——击败"基地"组织，扭转塔利班的势头，并训练阿富汗安全部队以防止极端分子得势。从那时以来，我们已经清除——你们已经清除了"基地"组织高级领导层半数以上的成员。

在一项将被载入情报和特种行动史册的使命中，美国安全领域的一些专业精英，找到了销声匿迹的乌萨马·本·拉登。他们以一个最惊人的大胆突袭行动，让这个伤天害理的——

与现代世界格格不入的——意识形态的“祖师爷”、这个在我国土地上造成近3000名无辜者死亡的刽子手，得到了应有的惩罚。他们干掉了他。

与此同时，这些勇士向世界传递了这样一个信息：如果你伤害美国，我们将追剿你到天涯海角。

现在，如你们在北约——本周早些时候在芝加哥召开的北约会议上所见，总统与和我们站在一起的50个国家就如何以最负责任的方式结束这场战争并撤回我们年轻的男女战士达成了共识。

奥巴马总统曾在这个校园的艾森豪威尔厅宣布全部增兵将在今夏回国。此后，我们在阿富汗的驻军将继续减少，即使我们同时将继续增进阿富汗部队的实力，以便他们能为自己的国家承担起全部的安全责任。

结束这些长期的战争使我们能够转变和重新调整外交政策，应对21世纪的各种挑战，这些是与20世纪不同的挑战。

当我和奥巴马总统就职时，我们深信，我国面临一个战略转折点，要求我们重新调整外交政策。虽然我们将在中东保持重要的、不可放松的存在——以及阿富汗的合作伙伴——这将比我们的战斗任务更长久，但是，我们现在可以开始把我们的注意力和资源集中在其他地区和其他挑战上，这对我国21世纪的未来将极其关键。

我们正在振兴美国的联盟，尤其是北约，这个迄今所知

的最伟大的军事同盟——因为，正如总统所正确指出的，欧洲是我们与世界交往的基石。

在利比亚的行动挽救了成千上万无辜的人，并帮助推翻了一个凶残的独裁者，这项行动告诉我们，几乎没有任何事情——没有任何事情——是我们无法成就的，只要北约和我们的合作伙伴采取果断行动，只要我们真正地分担我们的责任。

本周在北约举行的峰会上，对不起，是在芝加哥，北约加强了未来的防御能力，包括购置一支用于收集情报、监视和侦察的无人驾驶飞机机队，从而增添它过去没有，只有我们有的装备。

重新调整我们的外交政策还意味着把重点重新放在世界经济、全球经济最具活力的地区——亚洲。美国一直并将继续是太平洋大国，是为这一重要地区带来和平、繁荣和安全的关键力量。

正确做到这一点的最关键之处，是美国和中国之间的关系。我们两国的事务和我们的民生日益息息相关。

我们如何处理世界上这两个最大的经济体之间的关系——虽然我们的规模仍然几乎是他们的三倍——我们如何行事，将关系着21世纪的走向。

显然，这并不意味着我们总会看法一致，包括在人权等问题上。也不意味着我们不会在经济上相互竞争。正如我在中国时所说，我们美国人欢迎这种竞争，这可以促使我们做得更好，变得更好，因为毫无疑问，美国能够竞争，如果竞争条件公平，不管在什么时间、什么地点美国将会获胜。

归根结底，这是美国在亚太的重点，加强合作关系，明确行为规则，使该地区能够继续和平发展，我们的人民能够富强。

我们还与印度、俄罗斯、巴西、土耳其、南非等新兴大国建立了更强劲的关系；所有这些努力都在国内和世界各地帮助促进美国的利益。

除此之外，我们处理了对人类最严重的潜在威胁。我们已经减少了我们对核武器的依赖和我们核武库的规模，并且通过《削减战略武器新条约》，我们也促使俄罗斯减少他们的核武库。

我们让世界一道共同保证核材料的安全并防止这些材料落入恐怖分子手中。我们孤立了像伊朗和朝鲜这样的国家，它们的核计划不仅威胁我们的国家，而且威胁世界的和平与稳定。

西点军校让你们作好准备，带领我们迎接这些新的挑战，其中一些我们甚至还没有考虑到，更不用说面对。因为正如我在开始时所说，你们不仅坚强，有决心，你们也是我国有最敏锐头脑的人，训练有素可以肩负今天的使命——平叛、反恐、培训外国军队——并有聪明才智适应明天的领域，不管是虚拟空间还是外层空间。

正如美国总统西奥多·罗斯福110年前的下个月在西点军校百年校庆上所说，“你们在西点军校的责任是培养男人在战争中建功。但另一个值得注意的事实，是你们也把他们培养成可以在和平中建奇功。这片土地上的最高职位并非出奇地而是一次又一次地由西点人担任。”西点人在社会各行各业中出类拔萃。

如果他今天能在这里，他会把他的话稍做改动——青年男女都已作好从事这一使命的准备。

作为美国副总统，我有过诸多殊荣，但一切都莫过于今天能够向你们致敬。愿主保佑你们，保护你们，愿上帝保护和保佑所有美利坚合众国的戎装军人。

祝贺你们。

后　记

历时三载，数易其稿，《世界著名军事院校系列》丛书行将付梓。丛书包括《美国西点军校——开启将帅之门的钥匙》、《俄罗斯伏龙芝军事学院——通向将帅之路的桥梁》、《英国桑赫斯特皇家军事学院——领导者的摇篮》、《法国圣西尔陆军军官军校——将军的苗圃》等四本，分别介绍了四大著名军校的沧桑历史、办学风格、传统文化、特训课堂、名人名言等。

丛书编写组成员由后勤工程学院、南京炮兵学院、陆军航空兵学院、空军后勤部、蚌埠汽车士官学校、总装司令部等同志组成。编写人员大多是军校教员和军队教育工作者，本着“求真、求精、求新”的态度，对国内外浩如烟海的资料进行学习、翻译、消化，通过细致的梳理和提炼，剖析并总结这几所军校的历史轨迹、办学特色及发展规律，以飨读者。

在编写过程中，得到中国人民解放军军事科学院世界军事后勤研究部原副部长肖裕声少将和中国人民解放军后勤学院学术研究部研究员张连松大校的精心指导。同时，借鉴和参考了国防大学、解放军理工大学等单位的相关资料。尤其是解放军理工大学，他们与外国军校的广泛交流为我们提供和掌握了较为翔实的材料。

书中引用的部分材料和图片，得到了广大作者的大力支持，给予便利，但仍有部分作者无法联系上，如有版权问题，请与编写组联系。在此，表示诚挚的谢意。

由于水平有限，书中难免有不妥、不正之处，恳请各位读者批评指正。

《世界著名军事院校系列》编写组

2014 年 4 月